钢箱梁养护蓝皮书

江阴长江公路大桥钢箱梁养护报告

（1999 年—2017 年）

饶建辉　吉伯海　主编

人民交通出版社股份有限公司

China Communications Press Co.,Ltd.

内 容 提 要

本书内容立足于钢箱梁养护技术，是江阴长江公路大桥近二十年运营养护工作经验的梳理和总结。本书系统性地介绍了大桥历年来在钢箱梁养护技术方面的工作情况、钢箱梁病害和疲劳损伤发展情况，以及养护"四新"技术的探索和应用，并对今后养护的重点工作进行了展望。

本书可供从事桥梁维护及管理的人员、科研工作者参考，也可作为我国大跨径桥梁运营养护工作的指南。

图书在版编目（CIP）数据

江阴长江公路大桥钢箱梁养护报告：1999 年—2017
年／饶建辉，吉伯海主编.—北京：人民交通出版社
股份有限公司，2018.7
　　ISBN 978-7-114-14758-6

　　Ⅰ．①江…　Ⅱ．①饶…②吉…　Ⅲ．①公路桥—钢箱
梁—保养—研究报告—江阴　Ⅳ．①U448.145.7

中国版本图书馆 CIP 数据核字（2018）第 118881 号

书　　　名：江阴长江公路大桥钢箱梁养护报告（1999 年—2017 年）
著 作 者：饶建辉　吉伯海
责 任 编 辑：丁　遥　闫吉维
责 任 校 对：刘　芹
责 任 印 制：张　凯
出 版 发 行：人民交通出版社股份有限公司
地　　　址：（100011）北京市朝阳区安定门外外馆斜街 3 号
网　　　址：http://www.ccpress.com.cn
销 售 电 话：（010）59757973
总 经 销：人民交通出版社股份有限公司发行部
经　　　销：各地新华书店
印　　　刷：北京市密东印刷有限公司
开　　　本：787×1092　1/16
印　　　张：6
字　　　数：131 千
版　　　次：2018 年 7 月　第 1 版
印　　　次：2019 年 7 月　第 3 次印刷
书　　　号：ISBN 978-7-114-14758-6
定　　　价：50.00 元
（有印刷、装订质量问题的图书，由本公司负责调换）

本书编审委员会

主　　审：周世忠　　金　凌　　钟建驰

　　　　　陈祥辉　　吴赞平

主　　编：饶建辉　　吉伯海

编　　委：陈雄飞　　姜竹生　　汪　锋

　　　　　傅中秋　　沈永富　　孙孝婷

　　　　　孙洪滨　　袁周致远　陶　亮

编写单位：

江苏扬子大桥股份有限公司

河海大学

江苏交通控股有限公司悬索桥养护技术研究中心

序

    江阴长江公路大桥是我国千米大跨径悬索桥进入世界先进行列的里程碑。大桥的规划、建设受到国内外各界的广泛关注。1999年9月28日,在举国瞩目之下,时任总书记江泽民亲手剪开红绸带,大桥建成通车。大桥通车近二十年来,年平均日交通量已从1999年的1.47万辆增长到2017年的8.5万辆以上,增长了4倍多;近二十年累计交通量已超过3亿辆。大桥在为经济社会发展做出重要贡献的同时,快速增长的安全通行压力、钢箱梁疲劳损伤等问题日益凸现。在各级领导的关心支持下,大桥运营养护团队继承和发扬大桥建设者艰苦奋斗、勇于创新的精神,以"大桥百年运营"为己任,以"功成不必在我"的胸怀,不断总结运营养护经验,不断完善运营养护制度,不断发展运营养护技术,不断提高通行服务水平,使大桥始终保持安全、畅通状态。2013年大桥相关研究成果获得国家科学技术进步二等奖。2016年在交通运输部组织的全国40座特大桥梁的养护管理规范化检查评比中,人桥获得第一名。今天呈现给同行们的《江阴长江公路大桥钢箱梁养护报告(1999年—2017年)》,就是大桥运营养护团队总结近二十年的运营养护工作成果后精心撰写的。它详细介绍了运营养护的发展过程、存在问题、解决方法、技术措施以及今后工作展望,是一部难得的千米大跨径钢箱梁悬索桥养护工作指南,值得同行们在运营养护工作中借鉴。

    大桥通车近二十年来,运营养护制度不断完善。2000年制定了我国第一部千米大跨径钢箱梁悬索桥养护手册——《江阴长江公路大桥维护手册》。手册中明确将钢箱梁疲劳损伤作为检查检测和养护维修的重点,为大桥养护维修工作指明了方向。2004年修编的《江阴长江公路大桥维护手册》(第二版)进一步深化了对U肋相关焊缝等典型疲劳损伤细节的检查要求。2009年修编的《江阴长江公路大桥维护手册》(第三版)进一步标准化了疲劳损伤检查工作流程和细节。2015年修编的《江阴长江公路大桥维护手册》(第四版)进一步发展了疲劳损伤裂缝钻孔止裂等养护技术。

大桥通车近二十年来,钢箱梁疲劳损伤认识不断深化。2011年首次发现疲劳裂纹以来,疲劳裂纹增长规律明显。纵桥向钢箱梁疲劳损伤主要集中在南北塔附近至1/4跨之间,随着运行时间增加,1/2跨中区段疲劳损伤数量有一定增长;横桥向钢箱梁疲劳损伤主要发生在第三车道(外侧车道);在钢箱梁疲劳裂缝中,过焊孔处顶板焊缝裂纹最多,过焊孔处U肋母材裂缝次之;首次发现的疲劳裂纹长度多数在30～120mm范围内;绝大多数疲劳裂纹维修后4年内出现二次扩展等。

大桥通车近二十年来,运营养护技术不断发展。围绕钢箱梁疲劳损伤的产生机理、检查检测、评定修复以及预防养护等技术开展了十余年的研究和应用。建立了大桥车辆荷载谱、标准荷载模型;提出了焊缝疲劳裂纹的精确检测方法;开发了疲劳裂纹维修技术;研究了疲劳损伤预防性维护成套技术;提升了大桥上部结构健康监测系统功能;开发了桥梁养护管理系统、主塔外观裂缝检查技术、桥梁主体结构安全评定方法、全寿命养护策略等。研究成果填补了国内多项技术空白,部分技术在国际上处于领先地位,并在运营养护中得到了成功应用,取得了良好的经济效益和社会效益。

回顾过去,近二十年来大桥运营养护团队付出的心血、取得的成果值得肯定,令人敬佩。展望未来,今后几十年,江阴长江公路大桥肩负着建设"交通强国、桥梁强国"的历史重任。为此,大桥运营养护团队要按照"世界领先、人民满意、支撑经济"的交通强国战略要求,继续努力,继续探索,不断取得新的成果,不断做出更大贡献。

二〇一八年四月十八日

前　言

江阴长江公路大桥(以下简称"江阴大桥"),是我国第一座跨度超千米的特大桥,是国家"九五"期间重点建设项目,北京至上海国家高速公路(G2)的跨江"咽喉"工程,代表了 20 世纪我国桥梁工程建设史上新的里程碑。

江阴大桥于 1999 年 9 月 28 日胜利建成并正式通车至今,已持续服役 18 年。车流量的逐年增加以及超载、重载等问题给大桥养护工作提出新的挑战。坚持"科学养护、管养并举"的工作原则,贯彻"安全、畅通"的养护方针成为大桥养护工作的核心。钢箱梁作为大桥主体结构的重要组成部分,直接承受车辆荷载的作用,但由于其自身结构的特殊性和受力的复杂性,导致钢箱梁的疲劳损伤问题较为突出,成为江阴大桥日常养护工作中的关键难题之一。

为推进公路建设转型升级,提升公路桥梁品质,交通运输部《关于推进公路钢结构桥梁建设的指导意见》(交公路发〔2016〕115 号)明确指出要"全面提高结构可维护性,做到可达、可检、可修、可换,提高日常检测维修工作便利性、安全性",从设计和运营养护管理两个方面对结构的可维护性提出了更高的要求,并且标准化的运营养护管理技术和流程对于优化结构设计具有积极意义。随着今后我国钢结构桥梁数量的不断增加,钢桥的养护问题,尤其是疲劳损伤问题将越发严峻,科学的养护工作和养护管理刻不容缓。

本蓝皮书重点围绕江阴大桥钢箱梁养护工作,介绍了大桥通车以来钢箱梁病害现状及发展趋势,养护工作和技术革新,养护工作信息化、标准化以及"四新"技术的开发和应用,对当前大桥钢箱梁养护工作进行了全面总结和梳理。

本蓝皮书立足于江阴大桥,意在推进大跨径桥梁钢箱梁养护工作专业化、科学化、信息化和标准化,为江苏省乃至全国大跨径桥梁的养护工作提供参考。

目　录

① 大桥运营情况

1.1 大桥概况

江阴长江公路大桥(以下简称"江阴大桥")位于长江三角洲地段的中部,是北京至上海国家高速公路(G2)的跨江咽喉工程。大桥于 1994 年 11 月开工,1999 年 9 月建成通车。主桥位于长江下游江阴段最窄处,此处江面宽 1.4km。南岸位于江阴市西山,上距黄田港约 3.2km;北岸在靖江市十圩港下游侧。大桥采用了双塔悬索桥的设计方案,一跨过江,主桥桥跨布置为336.5m + 1 385m + 309.34m,建设总长为 3 071m。江阴大桥桥跨布置形式如图 1.1 所示。

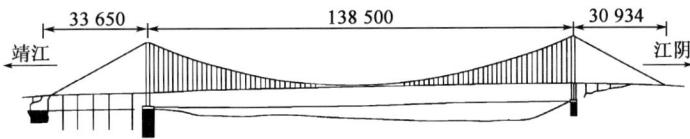

图 1.1　江阴大桥桥跨布置(尺寸单位:cm)

主桥由四部分组成:主塔,锚碇(基础和锚体),缆索(主缆、索夹、鞍座、吊索)及主梁(钢箱梁、支座、伸缩缝等)。

主塔:主塔为双柱和三道横梁组成的门式框架结构,主要承受由索鞍传来的竖向荷载和横向作用。南北塔高度分别为 186.85m、183.85m,南北塔桥面以上高度分别为 136.16m、143.08m。

锚碇:南锚碇为嵌入式混凝土锚碇,北锚碇为重力式混凝土锚碇。

缆索:主缆采用预制平行索股法(PPWS)编制而成,主跨、边跨的主缆分别由 169 根、177根索股组成。主缆直径跨中为 876mm,边跨为 897mm,两主缆中心距 32.5m,主缆垂跨比为1:10.5,成桥状态卜矢高 131.905m。每根索股由 127 根直径为 5.35mm、强度达 1 600MPa 的高强镀锌钢丝组成。长度大于 10m 的吊索,采用带 PE 护套的平行钢丝索股,索股由 109 根直径为 5.0mm 的镀锌高强钢丝构成。长度小于 10m 的吊索采用直径为 80mm 的 IWRC 钢丝绳加 PE 防护套。

主梁:主梁为扁平流线型钢箱梁,梁高 3m,梁宽 36.9m,其中桥面宽 29.5m,桥面布置为高速公路标准的双向六车道。钢箱梁为采用 16Mn 合金钢的正交异性结构,顶板厚度为 12mm,底板厚度为 10mm。江阴大桥钢箱梁横断面如图 1.2 所示。

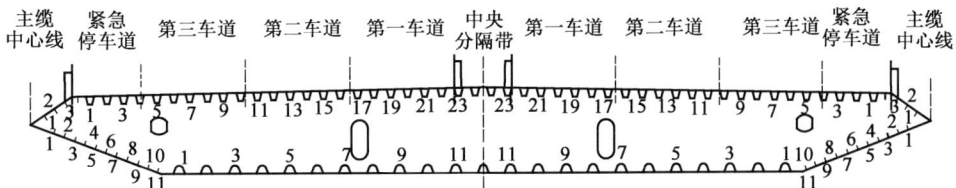

图 1.2　江阴大桥钢箱梁横断面图

江阴大桥桥址区属北亚热带季风气候区,春季阴湿多雨,冷暖交替,间有寒潮;夏季梅雨明显,酷热期短;秋季受台风低湿影响,秋旱或连日阴雨相间出现;冬季严寒期短,雨日较多。历年气温统计资料显示,江阴市、靖江市的极端最高气温分别为40℃和38℃,极端最低气温分别为–14.2℃和–14.1℃。

江阴大桥设计合理、管理科学、工程质量优良,代表了我国20世纪90年代造桥的最高水平,是我国桥梁工程建设的一座里程碑。大桥建成时是当时已建桥梁中的中国第一、世界第四,为我国桥梁史谱写了新的篇章,积累了大量的特大跨径悬索桥的设计、建造经验,为后来的泰州大桥、南京长江三桥、润扬大桥等提供了重要参考。大桥先后荣获国际桥梁最高奖"尤金·菲戈奖""中国建筑工程鲁班奖"及"第三届詹天佑土木工程大奖"。

1.2 技术标准

1.2.1 公路等级与设计速度

公路等级为双向六车道高速公路,主桥设计速度100km/h。

1.2.2 抗震设防标准

江阴大桥桥址区的地震基本烈度为6度。大桥按基本烈度为6度设计,按7度设防。

1.2.3 设计荷载

1)恒载

加劲梁恒载包括一期恒载和二期恒载,一期恒载为钢箱梁本体重量,二期恒载为桥面铺装、防撞护栏及灯柱重量等。加劲梁恒载沿水平轴的集度为18.0t/m,主缆系统恒载(包括吊索、索夹、检修道及缠丝等)沿水平轴的集度为8.6t/m,故跨中沿水平轴恒载总集度为26.6t/m。

2)活载

将《公路桥涵设计通用规范》(JTJ 021—89)中的车队荷载(第2.3.1条)换算为均布荷载,同时结合《江阴长江公路大桥设计补充规程》确定的长大跨径折减系数、偏载系数、车道折减系数和冲击系数等参数,进行活载计算。

3)检算荷载

江阴大桥总体设计中考虑了两种检算荷载,一种是《公路桥涵设计通用规范》(JTJ 021—89)中的挂车—120,另一种为总长23.3m的挂车—300。检算荷载情况见表1.1。

检算荷载   表1.1

车辆类型	荷载集度 q(t/m)	车长 L(m)	偏心距 e(m)	说明
挂车—120	18.75	6.4	3.35	全桥一辆
挂车—300	12.92	23.3	3.55	全桥一辆

4）风荷载

根据《公路桥涵设计通用规范》（JTJ 021—89）基本风压图，江阴大桥位于600Pa等值线，在平坦空旷地面以上20m高处频率为1/100（再现期为百年）的10min平均最大风速为 $v_{20} = 31.0\text{m/s}$。

施工阶段风载静力检算时，基本风速采用频率为1/10（再现期为10年）的10min平均最大风速。

$$v_{20}(10\,\text{年}) = 0.874 \times v_{20}(\text{百年}) = 27.10\text{m/s}$$

构件验算的设计风速：

$$v_{\text{d}} = v_{20} \cdot \left(\frac{H}{20}\right)^{\frac{1}{7}} \cdot \mu$$

式中：H——构件高度；

μ——风速脉动变化修正系数。

进行强度及稳定计算的风荷载遵循《公路桥涵设计通用规范》（JTJ 021—89）和《江阴长江公路大桥设计补充规程》的有关规定。

1.2.4　主桥下通航技术标准

1）设计水位

最高通航水位为 +4.99m（黄海高程）。

最低通航水位为 −1.02m（黄海高程）。

2）桥下净空尺寸

桥梁净高50m（包括2m富余），净宽380m（双向通航）和220m（单向通航）。

江轮：净高24m，净宽160m。

设计采用通航净空高度50m + 3.5m（预留主梁挠度）。

1.3　车流量

江阴大桥的年平均日交通量（AADT）设计值为6万辆，大桥建成通车后历年AADT的变化趋势如图1.3所示。1999—2017年间AADT总体呈上升趋势，其中2000—2004年间增长速率逐渐加快，2005—2009年间增长速率逐渐放缓，而2010—2017年间呈近似线性增长，增幅约为6 000辆/年，且在2013年内首超设计值。1999年江阴大桥的AADT为14 694辆，而2017年为85 563辆，增长了约482%。国家法定节假日的日交通量通常会高于当年的平均值，特别是2012年四个假期实行小客车免费放行政策后，其间日过桥车辆均超过10万辆。日均最高值出现在2017年5月1日，达到13.606万辆。

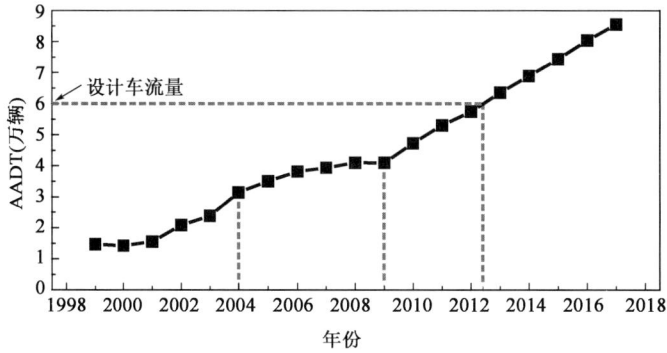

图 1.3　1999—2017 年间所有车型 AADT 总和变化

　　江阴大桥的交通流量目前已经处于超饱和状态,随着社会经济的发展,未来五年仍将保持逐年增长。依据增长趋势对未来五年大桥的 AADT 进行预测,预测结果如图 1.4 所示。由预测结果可知,2020 年大桥年平均日交通量将达 9 万辆,超设计值约 50%;2022 年将达 10 万辆,超设计值约 66.7%。

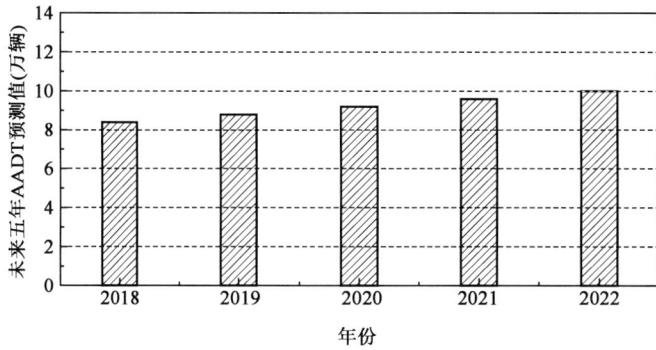

图 1.4　未来五年大桥 AADT 预测

　　图 1.5 为江阴大桥通车以来的交通量累计变化情况。由图可以看出累计车流量呈近似抛物线增长,2008 年累计车流量达 1 亿辆(年平均日交通量约为 4 万辆),2013 年累计车流量约

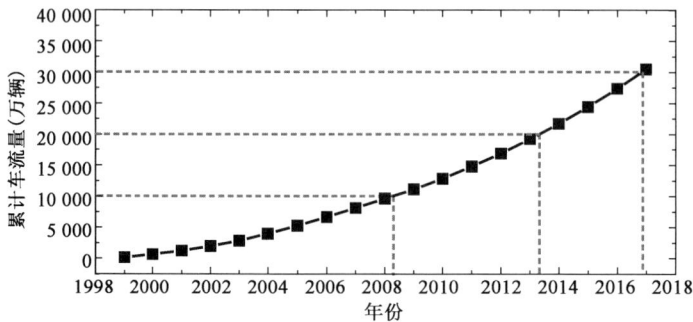

图 1.5　江阴大桥累计车流量变化

达 2 亿辆(年平均日交通量约为 6.4 万辆,首超设计值),至 2017 年 10 月底超过 3 亿辆(年平均日交通量约为 8.5 万辆)。江阴大桥累计车流量从建成通车到突破 1 亿、2 亿、3 亿辆分别间隔了 9 年、5 年、4 年时间,且在未来一段时间仍应将保持逐渐增长的趋势。交通辆的不断增长将会加速桥面板、铺装的损伤累积,造成钢桥面板开裂、铺装层开裂、车辙等病害,因此合理制定钢桥面板及铺装病害处治方案及病害预防性养护措施,是未来大桥养护工作的重点之一。

1.4 数字化管养系统

1.4.1 健康监测系统

江阴大桥上部结构健康监测系统是以江阴大桥主桥以及南北混凝土箱梁引桥为监测对象,针对特大型缆索支承桥梁的结构特点,南北引桥的维修加固特点,对桥梁结构在正常运营状态下和一些突发性事件中的响应(应变、位移、振动、结构温度、疲劳裂纹等)信号进行实时、长期在线采集与管理。通过对这些信号的实时分析与处理,获取反映桥梁状况的特征信息,实现对大桥结构健康状态的在线监测。同时,为大桥维护管理提供决策依据,对大桥的安全可靠性做出评价。

大桥的上部结构健康监测系统历经了两次升级改造。原结构监测系统由英国 Jams Scott Limited 公司设计,由 Strainstall Engineering Services Limited(SES)公司完成工程施工,主要实现六部分内容的监测:主梁振动监测、主梁线形监测、主缆振动监测、主缆索力监测、吊索振动监测、吊索索力监测。在桥梁服役期间,结合实际运营情况,先后对健康监测系统进行了两次升级改造。改造内容包括重新构建系统数据库、建立三维漫游操作界面、增加南北引桥裂缝监测测点、增加主桥钢箱梁疲劳裂纹监测测点、增加桥梁主体结构跨中风速和路面温度监测测点和主缆索股的索力监测测点。

升级改造后的结构健康监测系统主要由传感器系统、数据采集与传输系统、数据存储与管理系统组成,同时实现对主梁线形与桥塔位移、主梁疲劳应变及结构温度、结构振动特性及吊索内力、主缆索股索力、梁端位移、环境状态、路面温度、南北引桥裂缝和钢桁架应力等项目的监测,为大桥的维护管理和安全耐久提供技术支持与科学评价。第二次改造完成后结构健康监测系统的拓扑图如图 1.6 所示。

1.4.2 桥梁养护信息系统

随着大桥养护工作标准化、精细化的不断落实推进,养护基础数据将不断增加,推进养护数据的统一、分类、数字化管理,具有重要的意义。为实现养护数据的数字化及可视化,联合中交公路规划设计院有限公司共同开发了江阴大桥全景可视化数字桥梁养护信息系统(以下简称"大桥养护信息系统")。大桥养护信息系统主要包括养护信息录入、养护信息展示、养护工作汇总、大桥基本信息展示四个模块。管理人员可通过该系统制定钢箱梁日常养护任务及年度养护任务。养护技术人员可通过登录系统查询任务情况并及时跟进,确保钢箱梁养护工作能够有条不紊地推进。养护信息的数字化便于管理人员随时随地查询养护工作进展情况及巡查结果,以及时制定相应的措施。

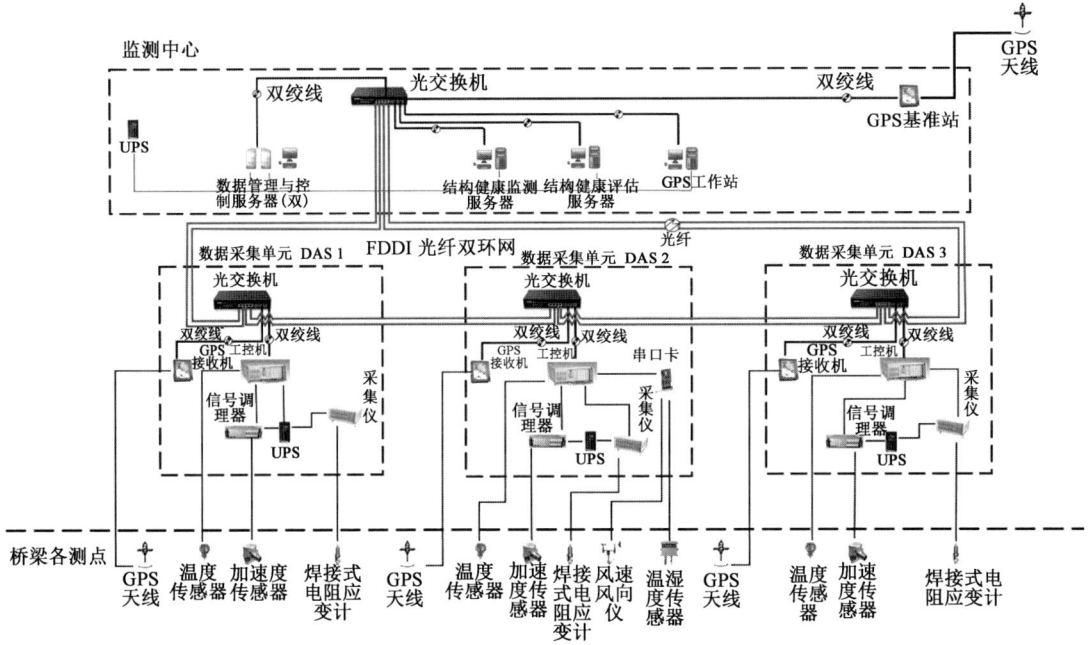

图1.6　江阴大桥结构健康监测系统拓扑图

钢箱梁养护管理系统的建立为大桥钢箱梁日常养护管理工作的开展提供了一整套简便、高效的工具。通过钢箱梁养护管理系统,可高效实现以下几个目标:

(1)确保桥的安全管理、检修过程能够在预定的养护管理策略指导下严格保证实施。

(2)能够在桥检现场发挥信息支持中心的作用。通过数据支持帮助现场桥检人员建立有序的、规范化的桥检控制流程。

(3)规范化信息录入方式,建立包括大桥历次检修任务以及历次检修结果的桥梁数据库。

(4)能够将录入信息系统的各类病害信息汇总整理,自动生成得到便于工程人员理解的文字及图形表格。

通过对大桥病害数据的快速分析,便于对大桥结构进行评分与评价,及时了解大桥的运营状况,及时制定效果明显、经济投入适当、具有良好可操作性的检修方案。

② 钢箱梁养护工作回顾

2.1 养护管理

2.1.1 养护管理机构

江苏扬子大桥股份有限公司(以下简称"公司")于 1992 年经江苏省政府批准成立,是交通基础设施项目的第一批股份制试点企业,主要负责江阴长江公路大桥及其他交通基础设施的建设和经营管理,现为江苏交通控股有限公司的控股企业。公司设有综合部、人力资源部、党群部、财务部、营运安全部、工程部、经营部七个职能部门和一个管理中心(锡张高速管理中心)。公司组织机构如图 2.1 所示。

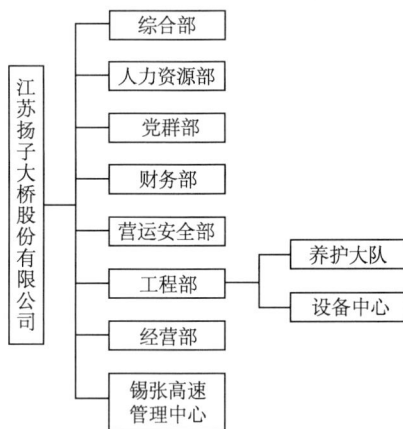

图 2.1　公司组织机构

工程部下设养护大队和设备中心,其中养护大队负责江阴大桥的日巡检、夜巡检、特殊巡检、结构巡检、结构定期检查、专项检查、特殊检查以及江阴大桥的日常维护及专项维护的监管等;设备中心负责动力设备、三大系统、信息化等的日常维护与建设。

2.1.2 养护制度

江阴大桥自建成通车以来不断探索和借鉴国内外典型大跨径钢桥养护的新技术、新工艺、新材料和新设备,以精品养护为目标,贯彻"预防为主,防治结合"的养护方针,加强桥梁的日常性、周期性检查和养护维修工作,建立、健全桥梁养护技术档案,制定符合实际的养护维修措施,使大桥处于良好的运营状态。

大桥钢箱梁养护充分贯彻《公路桥梁养护管理工作制度》(交公路发〔2007〕336 号)、《关于进一步加强公路桥梁养护管理的若干意见》(交公路发〔2013〕321 号)以及江苏交通控股有限公司制定的《公路桥梁养护管理办法》。同时也依据现行《公路桥涵养护规范》(JTG H11)、《大跨径悬索桥和斜拉桥养护规范》(DB32/T 1648)、《公路工程技术标准》(JTG B01)等,实现养护的科学合理。

　　公司根据自身桥梁结构特点以及运营情况,不断提升自身养护技术水平,完善相关养护制度,在建成通车次年编制了《江阴长江公路大桥维护手册》(以下简称《手册》),作为大桥工程管理文件。《手册》主要用于指导大桥养护工作,监督大桥的日常养护巡查工作,并对大桥养护档案的建立提出了明确的要求。随着车流量的逐年增加、养护经验的不断积累、结构维护维修状况以及国家规范的修编,对《手册》进行了持续的修订和完善。到2015年,《手册》已先后进行了三次修订(图2.2),每次修订均从养护工作的实用性和可操作性出发,进一步细化当前养护工作中的相关技术细节。

a) 2000年第一版

b) 2004年第二版

c) 2009年第三版

d) 2015年第四版

图2.2　《江阴长江公路大桥维护手册》

　　《手册》(第一版)于2000年大桥运营之初出台实施。在钢箱梁检查与维护工作中,重点强调了焊缝疲劳损伤的危害性及维护的必要性,给出了钢箱梁易产生疲劳损伤的关键位置焊缝类型及其受力特征,具体包括吊耳板与防水板间的角焊缝、吊耳加劲板与上斜腹板的角焊缝、桥面板与横隔板的双侧角焊缝、底板与侧板折角处横隔板的搭接焊缝、桥面板与U肋的角焊缝、桥面板与桥底板的纵向对接焊缝。对于焊缝探伤,规定了相应的技术标准,包括英国标准BS3923、BS6072和BS2600,同时也可参照我国相关标准执行。对于疲劳开裂维护,提出了补焊技术手段,制定了相应的技术细节。在钢箱梁涂层防护方面,也制定了较为详细的实施方案和防护内容,明确了涂装损坏后的处理方法。《手册》(第一版)的出台为江阴大桥养护工作有序开展指明了方向,也为今后的精细化养护奠定了基础。

《手册》(第二版)于2004年出台实施。在第一版的基础上要求重点关注U肋对接焊缝、U肋与顶板焊缝等典型疲劳易损细节,同时提出了桥面板焊缝应结合桥面铺装裂纹进行检查的要求。在钢箱梁焊缝探伤方面,明确规定了探伤技术标准应严格参考我国相关标准执行。《手册》(第二版)对于钢箱梁涂层方面的规定与第一版一致。

《手册》(第三版)于2009年出台实施。在第二版的基础上,对大桥养护的要求、目标、制度以及相关工作细节进行了全面且详细的规定。细化了钢箱梁焊缝检查制度,编制了钢箱梁焊缝检查记录表,强化了焊缝检查的重要性。同时,建立了《检查与维护月报》制度与养护信息管理系统,在钢箱梁养护方面提出了更多的细节和更高的要求。在钢箱梁涂层防护处理方面,依据TB2486标准,给出了江阴大桥涂层劣化评定方法和评定等级。建立了详细的钢箱梁涂层劣化的检查及维修技术流程,制定了涂层定期检查表,推动了标准化养护的进程。

《手册》(第四版)于2015年出台实施。此时大桥已通车近16年,日均车流量达7.5万辆,超过设计车流量的25%。在2011年首次发现钢箱梁疲劳裂缝后,公司联合相关高校做了大量的研究工作,将取得的成果运用到《手册》(第四版)中,具体有:增加了焊缝检查的原则、工作方法、检查技术手段;结合江阴大桥钢箱梁疲劳损伤分布特征,制定了钢箱梁典型疲劳裂纹位置详细的分类与编码;增加了疲劳裂纹钻孔止裂措施及维修的后处理措施,包括表面清洁、补漆等相关技术细节。

《手册》的每一次修订均是以前期养护经验为基础,立足于当前大桥的实际养护需求,并结合最新养护技术完成的。《手册》先后三次修订充分体现了公司在大桥养护方面不断探索、砥砺前行,努力实现养护工作的标准化、精细化,实现养护精品化的目标。在《手册》的指导下,公司一直开展科学有序的养护工作,为大桥的安全运营提供了重要保障。

2.2 养护工作总体情况

2.2.1 养护发展历程

大桥建成之初,公司就围绕全桥的养护工作开展了全面的部署,钢箱梁的养护工作同步启动。18年来,结合大桥运营情况以及长期的技术经验积累,围绕钢箱梁的养护工作不断进行技术探索,提升管养水平,同时根据实际需求不断细化和优化钢箱梁养护体系。截至目前,钢箱梁整体养护工作可大致分为以下四个阶段,如图2.3所示。

第一阶段:1999—2005年,大桥运营初期的常规巡检,2周1次。此阶段的养护工作由公司养护大队承担,依据《江阴长江公路大桥维护手册》(第一版和第二版),主要针对钢箱梁表面的技术状况进行外观检查,包括钢箱梁涂层情况、腐蚀情况等。对于钢箱梁的维护工作以小修保养为主。

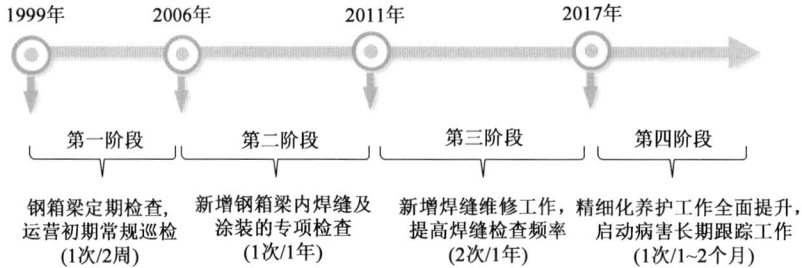

图2.3 钢箱梁养护发展历程

第二阶段:2006—2010年,在第一阶段基础上,新增钢箱梁焊缝专项检查工作,委托第三方专业机构开展,每年检查1次。主要针对钢箱梁内部涂层情况和焊缝疲劳损伤情况开展全方位的检查工作,其中焊缝检查部位包括重车道U肋的纵向角焊缝、钢箱梁环向对接焊缝、横隔板与顶板、底板角焊缝以及吊耳角焊缝。钢箱梁专项检查以目视和磁粉探伤为主,其中目视检查涉及全桥的所有的涂层和焊缝,进行100%全面覆盖,必要时辅以5倍放大镜进行观察。而磁粉探伤除了每年对20%焊缝进行抽样检查外(五年实现全覆盖),对焊缝部位目视检查有疑问的地方开展辅助探伤。另外,针对钢箱梁外表面的涂装,于通车10年后开展了一次整体出新维修工作,采用涂装新技术、新材料大幅提高了钢箱梁涂层的耐久性,截至目前涂装总体状况良好。

第三阶段:2011—2016年,随着焊缝疲劳裂纹的产生,在第二阶段养护的基础上,新增钢箱梁焊缝疲劳裂纹维修工作,同时将钢箱梁内焊缝检查和维修频率由1年1次提升至1年2次,钢箱梁养护工作进入常态化。在检查方面,考虑到U肋对接焊缝的现场焊接质量,增加了U肋对接焊缝的超声波探伤,每年检测17个梁段,五年实现全覆盖。对于焊缝的检查部位更加细化,明确了钢箱梁内焊缝疲劳损伤的典型部位。在焊缝裂纹维修方面增加钻孔止裂措施,提出了详细的参数和实施方案。通过此阶段钢箱梁的系统养护,整体的焊缝疲劳损伤发展得到了有效控制,新增裂纹的数量有所下降,确保了钢箱梁整体结构的安全。

第四阶段:2017年至今,结合前期钢箱梁养护经验和科研成果的长期积累,大桥的钢箱梁养护工作进一步向标准化、精细化推进。在常态化养护工作的基础上,增加了钢箱梁病害长期的现场跟踪工作,意在通过长期的数据分析和积累,对复杂环境下大跨径钢桥钢箱梁焊缝疲劳裂纹的成因、受力特征、发展规律、维修效果等进行研究和分析,服务今后钢箱梁的养护。同时,针对现有的检查和维修工作,分别制定了相应的标准流程和操作细节,明确了养护数据的记录、分析、处理和归档等相关的规范化工作制度,养护工作的标准化和精细化得到了全面提升,为"十三五"期间养护技术的转型升级提供保障。

2.2.2 养护成本投入

自大桥开通以来,过桥日均车流量每年稳步增长,2012年年底已达设计车流量(6万辆)的警戒值。截至2017年年底,日均车流量为85 563辆,超过设计值近43%,大桥运营及维护工作面临巨大挑战。随着钢箱梁养护逐渐向标准化、精细化推进,近两年钢箱梁养护成本投入有较大幅度的增长(图2.4),主要是加大了养护科研、焊缝检查、病害处置等方面的投入,相关研究成果为提升大桥钢箱梁养护效率、养护质量起到了重要作用,为大桥养护提供了重要技术保障。

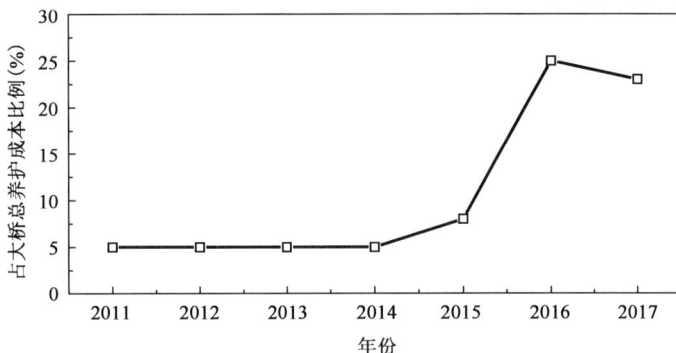

图2.4 钢箱梁养护成本投入情况

2.2.3 养护技术创新

在2011年度国家干线公路网长大桥梁抽检工作中,专家组对江阴大桥的运营、养护工作给予了肯定。专家组指出:"江阴大桥在桥梁不同寿命期间制定不同工作重点和养护管理制度,使桥梁畅通得到了有效的保证。江阴大桥将养护工作与技术创新紧密结合,为我国桥梁技术的发展做出了突出的贡献。同时,江阴大桥培养、锻炼并保持了一支专业化的养护队伍,使特殊养护的质量得到了保证。"江阴大桥的养护成就不仅是长期养护技术经验的总结,也离不开在养护技术方面的技术创新和科技探索。"十一五""十二五"期间,公司联合国内企事业单位、高校、科研院所,针对大桥运营管理开展了一系列研究,在大桥管养信息化的推进、主要构件性能的提升、养护管理的规范化、大桥病害的处治等方面取得了显著的效果。钢箱梁病害评定和检测、焊缝疲劳损伤的维修、钢桥面铺装养护技术体系等相关成果分别获得多项省部级及以上奖项,其中"长大跨桥梁结构状态评估关键技术与应用"获得2013年国家科学技术进步二等奖。以上研究成果为大桥养护管理水平的提升做出了卓越贡献,取得了显著的社会、经济效益。

在钢箱梁养护方面,针对大跨径钢桥钢箱梁疲劳损伤病害及处治技术、涂层腐蚀病害开展了系统研究。其中,联合江苏省交通运输厅工程质量监督局和河海大学,围绕钢箱梁疲劳损伤研究中针对疲劳产生机理、检查检测、评定修复以及预防养护等技术开展了十余年的探索和实践。通过试验和理论分析,结合实桥应用和长期跟踪监测,定期建立江阴大桥疲劳车辆荷载谱,为钢箱梁疲劳损伤研究提供了标准的荷载模型;同时结合钢箱梁疲劳裂纹开裂特征,提出了焊缝疲劳裂纹的精确检测方法,探索了焊缝疲劳裂纹维修及处治的关键技术工艺,开发了维修新技术,研究了焊缝疲劳损伤预防性维护成套技术。研究成果填补了国内多项技术空白,部分技术在国际上处于领先地位,为钢箱梁疲劳损伤养护提供了重要的技术支撑,相关养护技术规程正在编制中。在涂层腐蚀病害研究中,联合同济大学,针对目前钢箱梁外表面涂层损伤情

15

况,提出了基于模糊层次分析法的涂层腐蚀评估理论,为钢箱梁涂层情况的评定提供了科学依据。

在江阴大桥主塔、缆索、铺装以及附属结构等方面,联合交通运输部公路科学研究所、同济大学、东南大学、解放军理工大学、重庆交通大学、苏交科集团股份有限公司等相关科研院所、高校和企业开展了养护技术方面的研究和探索,涉及桥梁养护管理系统、主塔外观裂缝检查技术、桥梁主体结构安全评定方法、江阴大桥全寿命养护策略等。在此基础上,针对桥梁的关键受力部件或重要功能结构,包括钢桥面铺装、缆索、钢箱梁、伸缩缝等也开展了专项研究工作,相关研究成果也已在桥梁的运营管理和养护中得到了成功应用,取得了良好的经济效益。

2.3 养护技术情况

2.3.1 涂装养护

江阴大桥位于长江三角洲地段的中部,建设在跨越长江的环境中,钢箱梁暴露在自然环境下,承受风、雨、雾和大气污染的侵蚀,钢箱梁外表面涂装可以减轻钢箱梁腐蚀,是保证钢箱梁质量和外观的主要手段之一。江阴大桥早期的钢箱梁外部涂层结构如表 2.1 所示,涂层总厚度为 265μm。

江阴大桥钢箱梁原有涂层结构　　　　　　　　　表 2.1

涂 层 顺 序	涂 层 材 料	编　　　号	干膜厚度(μm)
第一道	He mpel'S ZINC PRI MER 富锌底漆	16490 – 19840	35
第二道	HE MPaDUR mIO 环氧云铁漆	45670 – 12130/95040	50 × 3 = 150
第三道	HE MPaTHANE TOPCOAT 聚氨酯面漆	55210 – 35120/95370	40
第四道	HE MPaTHANE TOPCOAT 聚氨酯面漆	55210 – 35120/95370	40

一般情况下,钢结构涂层的使用寿命约为 15 年,结合自身实际运营情况,于 2009 年(运营 10 年)针对钢箱梁外表面防腐涂装,开展了整体出新专项养护工程。养护工作委托镇江蓝舶工程科技有限公司开展,针对检修道斜腹板局部锈蚀区域、东西风嘴、锚杯和吊耳涂装损坏及腐蚀部位进行了重新涂装。截至 2017 年,钢箱梁外表面涂装质量总体良好。图 2.5 给出了涂装养护的施工流程,大致可分为三个部分。

1)涂装施工前处理

钢箱梁外表面涂层施工前需要进行准备工作,对南北检修小车采用钢板网、防雨布、柔软的毛毯等进行防护,确保施工中对检修小车不产生污染;并用钢管在南北检修小车上搭起施工平台,为后续施工带来便利。

涂装前需对涂装表面进行清理并打磨,具体操作方法如下:

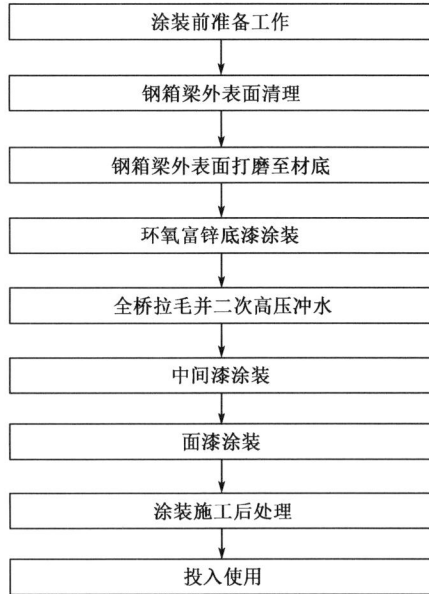

图 2.5 涂装流程

（1）表面清理：对钢箱梁外表面进行仔细检查，并标记出油污、锈迹部位。用高压冲水的方法清除钢箱梁外表面盐分、杂质及其他残留物，然后采用专业的清除表面积水、泥浆的工具对钢箱梁外表面进行二次清洁。经过这样一个过程，钢箱梁表面基本上达到清洁度的要求，合格后进入打磨工序。

（2）打磨：对锈迹部位采用磨机、笔形磨机进行彻底打磨直到底材，表面要达到St3.0的水平，并增大2倍打磨面积，周边涂层打磨出坡度，显示原涂层的不同层面，清洁报检合格后进入下道工序。

2）涂装施工

钢箱梁外表面涂装施工时，需根据原聚氨酯配套涂层的质量，针对性地选择不同的涂装方案，具体操作过程如下：

（1）环氧富锌底漆的涂装：检测环境、温度、湿度、钢板温度，满足涂装要求后再进行环氧富锌底漆的涂装。锈迹部位采用刷涂的方法进行涂装，刷涂过程中随时用湿膜卡检测湿膜厚度，外观为规整的方形，涂膜均匀，无流挂、橘皮等缺陷。

（2）全桥拉毛并二次高压冲水：为保证后道涂层的结合力，对全桥钢箱梁外表面进行砂子（80目）拉毛，拉毛后肉眼能看到拉毛痕迹。拉毛后再用高压淡水冲洗，彻底清除表面拉毛后的粉尘及产生的杂质和残留物等。

（3）中间漆的涂装，分为两个步骤：

①对东西风嘴内进行涂装：该部位结构复杂，不利于喷涂施工，为确保此部位的涂装质量，采用刷涂方法进行涂装。

②底板及斜底板的涂装：清除表面粉尘、杂质及残留物，使pH、盐分指标在技术范围之内，然后采取大面积高压无气喷涂的方法进行施工。在施工过程中，派专人对喷涂后的涂层进

行跟踪和检查,包括湿膜厚度、涂层的外观情况等,每道工序达到要求后才能进入下一道工序。

(4)面漆的涂装:面漆的涂装对质量和外观的要求更高,所以在涂装过程中,调配油漆时,严格按照油漆施工说明书和施工经验,油漆喷涂后要遮盖住上道涂层,对中间漆涂装后涂层表面的油污、杂质等进行清除,用砂纸对涂层进行拉毛,使涂层有一定的粗糙度。

3)涂装施工后处理

钢箱梁外表面涂装结束后,应对全桥进行检查,对漏涂、漏喷、起皱、流挂等进行处理,达到面漆涂装后表面光泽、色泽一致。涂装完成后,需经过规定的养护时间方可投入使用。

经养护后的涂装,其主要结构如下:

(1)原有涂层完好情况:在原有涂层表面进行简单处理,不需要完全破坏原有涂层。同时喷涂环氧云铁漆作为中层漆,膜厚为$100\mu m$;喷涂四氟树脂漆作为面漆,膜厚为$50\mu m$。

(2)原有涂层有缺陷情况:在原有涂层表面使用动力工具进行局部表面处理,去除缺陷部位涂装,然后喷涂环氧富锌漆作为底漆,膜厚为$60\mu m$;中层漆采用环氧云铁漆,膜厚为$100\mu m$;面漆采用四氟树脂漆,膜厚为$50\mu m$。总膜厚为$210\mu m$。

2.3.2 焊缝检查

钢箱梁焊缝检查是钢箱梁养护核心工作之一,主要包括焊缝疲劳损伤检查、涂层劣化检查、表面腐蚀检查。对于涂层劣化和腐蚀,通常采用人工目视检查法,而焊缝的疲劳损伤检查除目视检查外,还采用磁粉探伤和超声波探伤等无损检测技术。在钢箱梁养护工作初期,相关的检查技术手段往往依据现行的技术标准开展,对于钢箱梁焊缝、涂层及腐蚀的特征等针对性仍有待进一步优化。随着钢箱梁养护科研工作的不断投入以及养护技术经验的积累,钢箱梁焊缝检查工作逐步趋于完善。目前,钢箱梁焊缝检查的主要技术手段如下:

1)人工目视检查

人工目视检查,即采用肉眼直接对焊缝部位以及钢箱梁内部的表面涂层、局部构造等外观进行检查,重点围绕钢箱梁焊缝部位开展全面检查,以此判断是否产生相关病害。

由于钢箱梁内焊缝数量众多,构造细节复杂,现有的常规技术手段难以在钢箱梁内有效使用。因此,在当前的客观技术条件下,人工目视检查仍是钢箱梁焊缝疲劳裂纹检测的主要手段。人工目视检查的技术特征及实施流程如下:

(1)人工目视检查涉及范围

采用人工目视检查钢箱梁内部焊缝时,主要针对以下几种焊缝类型:U肋过焊孔处横隔板焊缝;U肋过焊孔处U肋焊缝;U肋过焊孔处顶板焊缝;嵌补段焊缝;横隔板与顶板之间的角焊缝;横隔板与底板之间的角焊缝;横隔板与边腹板之间的角焊缝;钢箱梁环向对接焊缝;顶板、底板纵向对接焊缝;吊耳板的各类角焊缝等。

对钢箱梁内涂层进行检查时,涉及整个箱梁的所有表面,包括顶板和底板。其中,对焊缝疲劳损伤部位的涂层情况应予以重点关注。

(2)人工目视检查原则

一般情况下,人工目视检查针对钢箱梁内所有焊缝和表面涂层进行100%全覆盖检查。

针对重要焊缝部位或可疑部位在直接观察的基础上,必要时配 5 倍放大镜检查。对 5 倍放大镜检查仍有疑问的地方,开展磁粉探伤(针对焊缝疲劳损伤情况)。

(3)人工目视检查技术特征

采用人工目视检查对钢箱梁疲劳裂纹进行检测时,具有以下主要技术特征:

①技术门槛和检测成本低,检测速度较快。

②能够适用于钢箱梁任何可见部位焊缝的检测。

③检测的效率和准确性与工人的技术水平有关,不确定因素较大。

④仅能够针对表面可见裂纹,无法对隐蔽裂纹进行检测。

(4)人工目视检查所需设备

钢箱梁内进行人工检查时,手电筒、人字梯、相机是三样必备的观察和记录设备,如图 2.6 所示。手电筒主要用于现场的局部照明,人字梯用于辅助钢箱梁顶板部位焊缝的近距离观察(钢箱梁高度约为 3m),相机用于病害信息的采集。除此之外,配备放大镜、尺子、马克笔等相关辅助检查工具。

a)手电筒   b)人字梯   c)相机

图 2.6 人工观测设备

(5)人工目视检查注意事项

在钢箱梁内部进行人工检查时,必须佩戴安全帽和防护手套,以保证攀爬安全和观察人员的安全。同时,在行走时双脚应踩在两 U 肋之间的底板上,防止踩空或滑倒等情况发生。

(6)人工目视检查技术档案

在现场进行人工检查时,应随时在相关记录表上记录准确的病害信息以及相关说明。每天人工目视检查结束后,及时对现场记录信息进行整理和电子化,形成电子技术档案。

实桥人工观测如图 2.7 所示。

2)磁粉检测

磁粉检测,是通过磁粉在缺陷附近漏磁场中的堆积,以检测铁磁性材料表面或近表面处缺陷的一种无损检测方法(图 2.8)。根据施加磁粉介质的种类及施加磁粉的时间,检验方法可分为湿法和干法、连续法和剩磁法、橡胶铸型法(MT-RC 法)等。其中,连续法磁粉检测是在被检部位磁化的同时施加磁粉或磁悬液,当磁痕形成后,立即观察和判定,具有最高的检测灵敏度。

a)   b)

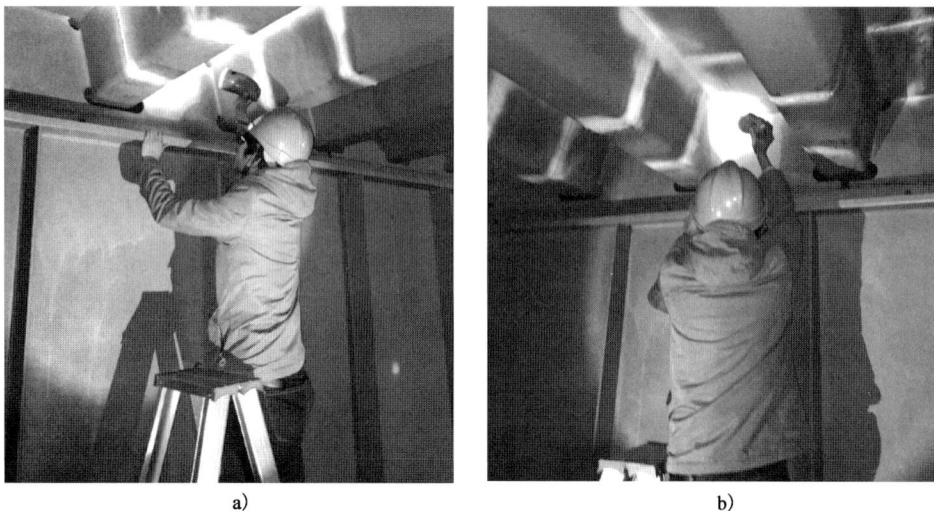

图2.7　实桥人工观测

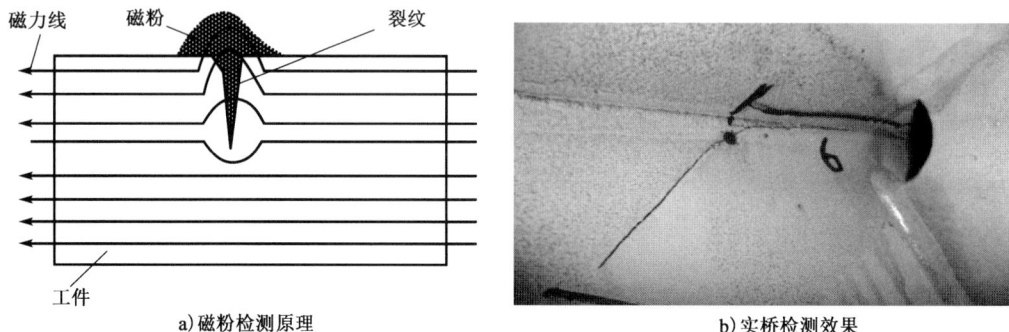

a)磁粉检测原理

b)实桥检测效果

图2.8　磁粉检测

由于钢箱梁内部的疲劳裂纹产生位置通常位于顶部,普通干性磁粉难以在钢箱梁顶部喷涂,并且为了防止钢箱梁内部的腐蚀,建议采用油性磁悬液。同时,为了防止喷涂的磁悬液因重力作用而产生较大范围的流淌,需进行快速的磁化并判断。钢箱梁磁粉检测技术的关键技术特征及实施流程如下:

(1)磁粉检测适用范围

磁粉检测适用于钢箱梁内部所有表面或近表面裂纹的检测。对裂纹长度较短、肉眼难以区分的可疑部位具有较好的检测效果。通过反差增强剂和磁悬液,可提高裂纹的显示对比度,提高判断的准确性。

(2)磁粉检测原则

①每年检测中选取20%的焊缝进行磁粉探伤检测,5年钢箱梁内焊缝的全覆盖。

②对5倍放大镜检测有疑问的焊缝部位进行补充辅助检测。

(3)磁粉检测效率

相比于人工目视检查,磁粉检测效率较低,成本较高。除了磁粉检测自身设备外,还需要其他的辅助工具,比如梯子。通常检测1m左右的焊缝需要大概5min。

（4）磁粉检测设备及辅助装置

钢箱梁内的磁粉检测通常需要携带以下设备:油性磁悬液、反差增强剂、便携式磁化设备,如图2.9和表2.2所示。一般情况下,建议充分利用钢箱梁内所设置的电源,优先采用交流电磁化方法进行磁化。当内部无电源或特殊情况下时,可采用直流磁化方法进行磁化。

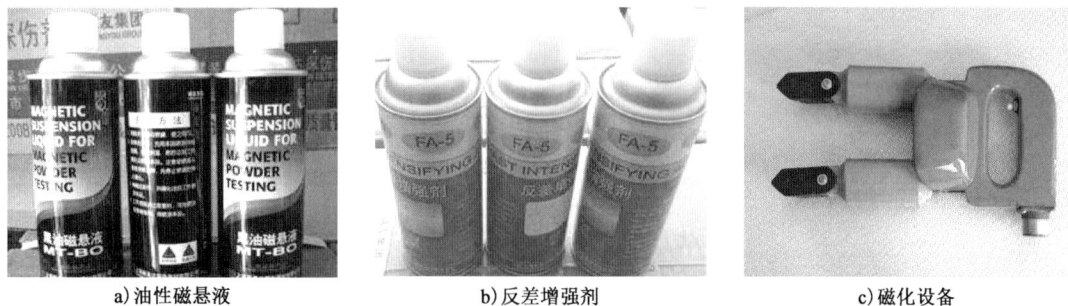

a)油性磁悬液　　　　　b)反差增强剂　　　　　c)磁化设备

图2.9　磁粉检测设备

磁粉检测设备及用途　　　　　　　　　　　　　　表2.2

设备	用　途	设备	用　途
油性磁悬液	提供可流动性的磁粉,防止局部锈蚀	磁化设备	用于对被检部位进行磁化
反差增强剂	提供与磁粉颜色显著差异的白色涂层		

（5）磁粉检测流程

先用磁悬液润湿钢材表面,在通电磁化的同时喷磁悬液,停止喷磁悬液后再通电数次,待磁痕形成并滞留下来时停止通电,然后进行检验(图2.10)。磁化的方法采用交叉磁轭法,能够检测出焊缝部位不同方向的所有缺陷。

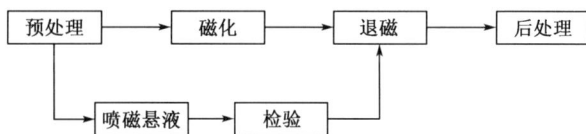

图2.10　磁粉检测流程

3）超声波检测技术

超声波检测,是利用超声能透入金属材料的深处,并由一截面进入另一截面时,在界面边缘发生反射的特点来检查零件缺陷的一种方法,当超声波束自零件表面由探头通至金属内部,遇到缺陷与零件底面时就分别产生反射波,在荧光屏上形成脉冲波形,根据这些脉冲波形来判断缺陷位置和大小(图2.11)。目前常用的超声波检测方法有脉冲反射法、穿透法及共振法,其中脉冲反射法和穿透法在钢结构疲劳裂纹检测中应用较为广泛,也能够适应钢箱梁复杂的构造细节。

（1）技术使用范围

顶板U肋嵌补段焊缝为超声波检测技术的重点检测对象,因为顶板U肋嵌补段处在仰焊的位置,而且U肋嵌补段组装时都在桥位现场,很难保证装配质量;焊缝又是不熔透角焊缝,在疲劳荷载的作用下,很容易在焊缝处开裂。因此,在对此类焊缝进行检测时,具体涉及的检

21

测部位有:顶板 U 肋嵌补段的对接焊缝、U 肋嵌补段与顶板之间的角焊缝以及 U 肋嵌补段两端向外 300mm 范围的 U 肋与顶板之间的角焊缝。

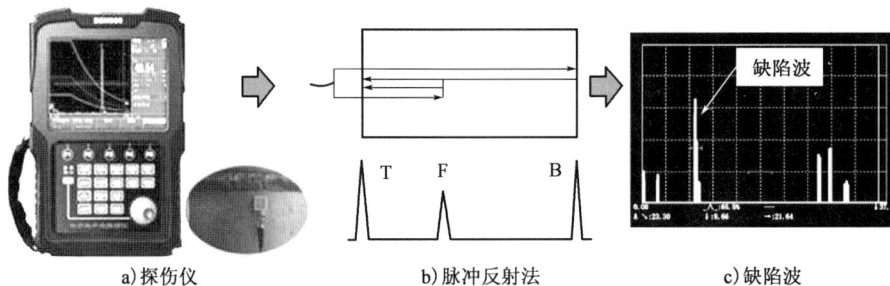

a)探伤仪　　　　　　　　　b)脉冲反射法　　　　　　　　c)缺陷波

图 2.11　超声波检测

（2）检测原则

每年检测 17 个梁段,以 5 年作为 1 个检测周期,5 年内实现所有梁段的 U 肋嵌补段焊缝全部覆盖检测。

（3）检测设备

钢箱梁超声波检测设备如表 2.3 所示。

超声波检测设备及用途　　　　　　　　　　　　　　　　表 2.3

设备	用　　途	设备	用　　途
探伤仪	识别和分辨超声波信号	耦合剂	提供良好的声耦合接触面
斜探头	超声波的发射和接受		

其中,耦合剂宜选用甘油或化学糨糊,其中化学糨糊在钢箱梁表面的黏滞性较好,不易流淌,能够提供稳定的声耦合接触面。

2.3.3　焊缝维修

随着钢箱梁焊缝疲劳裂纹的产生与发展,焊缝维修工作逐步成为每年度钢箱梁养护的重点工作之一。以往的焊缝维修根据裂纹长度的不同,针对焊缝开裂部位采用统一标准进行裂纹修补,即裂纹长度小于 150mm 时采用钻孔止裂的方法进行处理,超过 150mm 的裂纹进行补焊处理,而针对性的维修方案还需进一步完善。2017 年,结合相关科研成果对现有的钻孔止裂和补焊技术进行了全面优化和改进,提出了焊缝裂纹维修的针对性方案以及维修技术后处理措施,全面提升了钢箱梁焊缝维修技术水平。对于以往的焊缝维修技术,主要技术细节如下:

1）钻孔止裂

钻孔止裂(图 2.12),是在裂纹尖端设置一定大小的圆孔,去除裂纹尖端塑性区,降低应力集中,从而起到延缓裂纹继续扩展的作用。钻孔后,原先裂纹尖端的高应力集中区域得到了有效的缓解,但止裂孔周围仍存在一定的应力集中,在荷载作用下可能会萌生新的疲劳裂纹,因此常作为临时止裂措施。

（1）钻孔止裂适用范围

钻孔止裂技术主要用于修复长度小于 150mm 的裂纹。

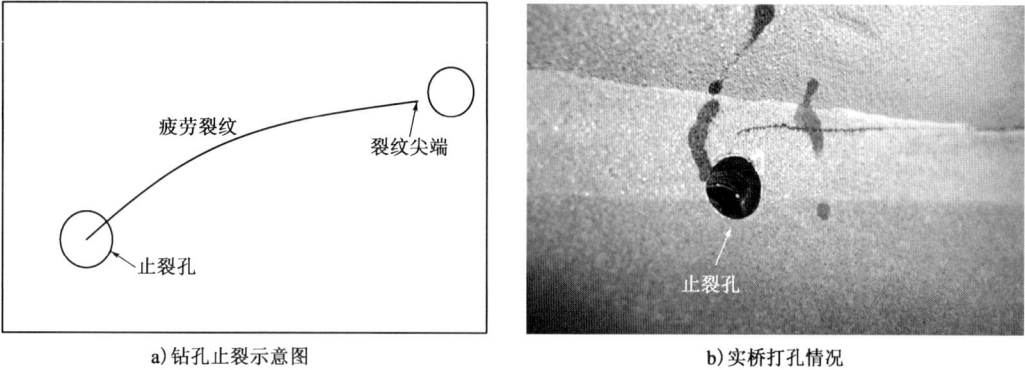

| a) 钻孔止裂示意图 | b) 实桥打孔情况 |

图 2.12　钻孔止裂

（2）钻孔止裂设备

实桥钻孔设备主要包括手电钻、麻花钻头及喷壶,手电钻重量不宜过大,其型号、规格及技术参数指标应满足规定要求,并应具有调节灵活、安全可靠等特点。钻头强度不宜过低,钻头长度应适应实桥钻孔操作空间,喷壶内注水,用于钻后的钻头降温。钻孔设备如图 2.13 所示。

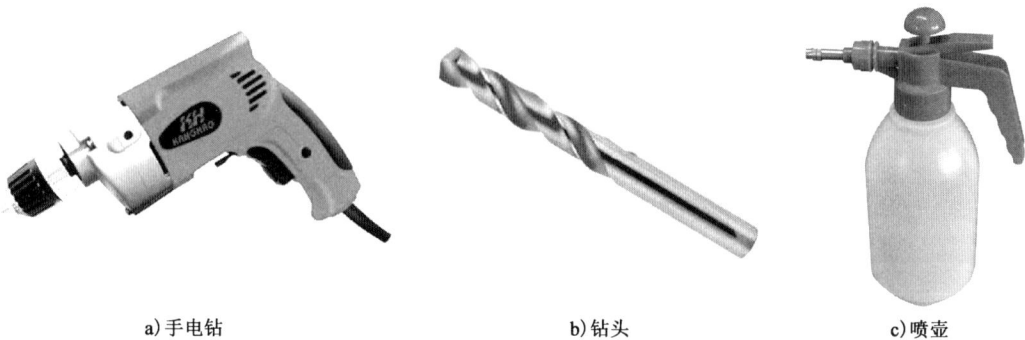

| a) 手电钻 | b) 钻头 | c) 喷壶 |

图 2.13　钻孔设备

（3）钻孔止裂流程

确定裂纹扩展方向和裂纹尖端位置,然后在裂纹的两端头延伸各 5mm 处钻直径 6mm 或 8mm 的止裂孔。钻孔过程中采用物理降温的方法对钻头进行降温。

2）裂纹补焊

补焊是通过碳弧气刨等技术将疲劳裂纹刨除并形成一定角度的坡口,然后用焊合的方式将刨口重新焊合成一个整体,达到修复疲劳裂纹的目的。相对于钻孔止裂技术而言,补焊是一种比较彻底的焊缝疲劳裂纹维修方法。

（1）裂纹补焊适用范围

裂纹补焊技术主要用于修复长度大于 150mm 的裂纹。

（2）裂纹补焊设备

补焊设备主要包括碳弧气刨机、手工电弧焊机及辅具,如图 2.14 所示。所有焊接设备的型号、规格及技术参数指标应符合和满足焊接工艺指导书中规定的要求,所有设备应具有参数稳定、调节灵活、安全可靠等性能。

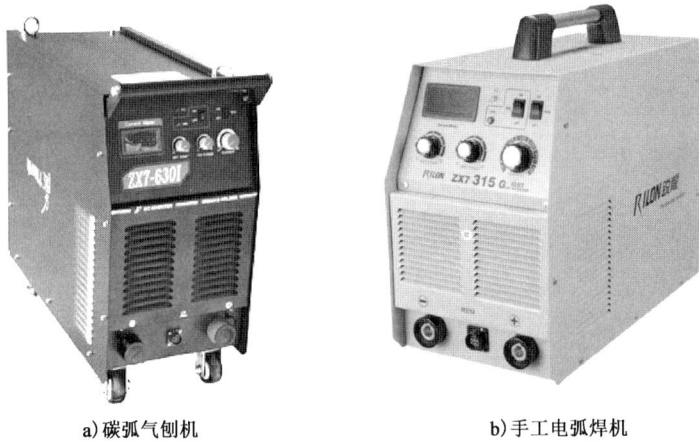

a)碳弧气刨机   b)手工电弧焊机

图2.14　补焊设备

目前江阴大桥钢箱梁疲劳开裂的修复工作均由第三方具有焊接资质的企业开展,业主单位提出具体的修复要求,包括修复技术、操作参数、修复流程等。

(3)裂纹补焊流程

①使用无损检测方法检查和确认裂纹的准确长度及深度。

②用碳弧气刨(ϕ8mm碳棒)将裂纹以及两端各延伸50mm范围内清除干净,并打磨出1:5的斜坡,并采用MT检验确定裂纹是否清除干净。

③通过埋弧自动焊或手工焊方法,以分段分层逆向施焊,将坡口进行焊合。

④焊接完成后对裂纹部位焊缝进行磁粉探伤。

⑤修补焊接安装完毕后,对所有焊缝及涂层破损部位表面进行打磨处理,使达到St3级,然后在其所在部位修补油漆(环氧富锌漆,干膜厚度80μm)。

2.4　养护工作总结

钢箱梁是江阴大桥主梁的主要承载结构,其功能的完整性、结构的可靠性直接影响桥面铺装的路用性能及大桥整体安全。因此,大桥自建成以来一直贯彻“预防为主,防治结合”的养护方针,从养护体系和制度的建立、养护工作的开展及细化、养护技术的创新等方面开展了一系列的探索,取得了许多标志性成果。在全国较早地建立了相对完备的养护管理制度,养护工作的开展由工程部直接管理,不仅能够确保养护工作的质量,更能够实施养护的快速响应,以应对各种突发情况。同时,结合自身运营情况和技术经验,不断修订和完善《江阴长江公路大桥维护手册》,以指导全桥养护工作的科学、有序、规范开展。2016年,交通运输部开展了我国重点桥梁监测工作,对40座特大桥梁的养护管理规范化进行检查评分,江阴大桥排名全国第一。

大桥自通车以来,2008年的累计车流量首次破亿,5年后突破2亿,4年后突破3亿大关,并且目前日均车流量已超设计值的43%。车流量的不断增加,使大桥钢箱梁养护工作所面临的挑战也不断增大,尤其是不中断交通情况下如何保证钢箱梁养护工作的有效开展已成为今后钢箱梁养护工作面临的重点难题之一。今后,在现有钢箱梁养护技术经验基础上,将继续从以下几个方面进一步完善:

1)完善专业养护队伍建设

钢箱梁的养护,尤其是焊缝的检查和维修、涂层的防护等工作均涉及专业技能,并且钢箱梁的维修具有不可逆性,维修措施的到位与否直接影响局部构造的受力性能以及下阶段的养护工作。结合大桥养护需求,进一步完善专业化养护队伍的建设,不仅能够提供钢箱梁养护的专业技术方案,也能够提升钢箱梁专业养护技术水平。同时,自身的专业养护队伍能够对第三方开展的钢箱梁专项养护工作起到良好的把关和监督作用,为保证专项养护质量起到积极作用。

2)养护资料技术档案标准化

养护资料作为大桥运营期间的宝贵数据,记录了大桥整个服役期内养护工作的决策、执行、投入、结果等相关内容,是反映大桥实际运营状况的第一手资料,同时也能够为今后新建桥梁的养护提供宝贵的技术经验。因此,建立标准化的养护资料技术档案,不仅方便养护资料的调取、查询和对比,更能够为标准化养护数据库的建立提供标准的数据模板,而养护资料技术档案的标准化离不开以下几个方面的标准化过程:

(1)信息采集的标准化。信息采集是养护工作开展的第一步,因此标准化的信息采集方法、过程是确保养护信息统一、可靠的基本前提。

(2)信息记录的标准化。采集到的信息通过合理且无歧义的语句进行适当的描述,有利于养护人员的事后分析,以及养护系统的录入和识别。

(3)信息存档的标准化。养护工作结束后,对养护工作中涉及的相关文档、养护报告等资料,及时按照统一的方式进行存档管理。

3)新技术开发应用及养护技术优化

(1)新技术开发

目前钢箱梁养护技术手段仍相对单一,对养护人员的专业技术水平要求高,并且受限于钢箱梁的特殊结构,现有的技术手段难以满足现场便携化使用要求。随着今后养护工作体量的增大,对养护新技术、新装备、新工艺的需求日益迫切。同时,养护技术的开发必须立足现场,满足高效、轻质、便携等基本养护需求,实现技术开发与现场需求的协同性。

(2)钻孔止裂技术优化

钻孔止裂技术应用于大桥疲劳裂纹维修已超过5年,对延缓裂纹扩展起到了一定的积极作用,但在实际实施过程中仍需要进一步优化,以提高钻孔止裂的维修效果。

(3)裂纹补焊技术优化

裂纹补焊技术目前仅针对长度为150mm以上的裂纹进行维修,但受到现场复杂的开裂特征影响,裂纹补焊技术的目标及适用性仍相对不明确,相关补焊技术参数仍需进一步细化和完善。

因此,通过对养护中存在的问题进行不断梳理和总结,及时通过科研、技术创新等手段对钢箱梁养护工作进行改进。从工程实际需求出发,问题引导科研,科研带动创新,从而形成良性循环,进一步推动江阴大桥钢箱梁养护技术整体水平的提升,为全国大跨径钢桥钢箱梁养护工作提供参考和借鉴。

③ 钢筋梁病害现状及发展趋势

3.1 钢箱梁典型病害

根据国内外钢箱梁病害统计结果,目前将钢箱梁典型病害归纳为三大类:涂层劣化、腐蚀、疲劳裂纹。三类病害之间紧密联系并相互影响,如图3.1所示。涂装劣化引起保护层脱落,进而引起钢材腐蚀,从而进一步加剧涂装劣化。腐蚀病害在关键部位引起应力集中使得构件强度降低,引发疲劳裂纹;疲劳裂纹增大钢板与空气接触面积,导致缝内积水,引起腐蚀。疲劳也可引起涂装开裂,导致涂装劣化。其中,顶板处疲劳裂纹发生贯穿后,会使与顶板紧密贴合的铺装层底部出现应力集中,导致铺装开裂,如图3.2所示。

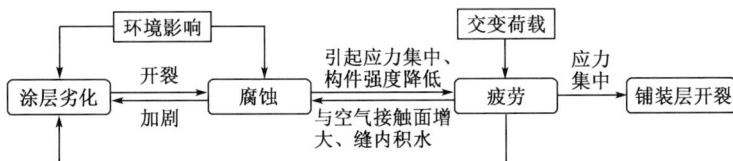

图3.1 钢箱梁典型病害相互影响关系

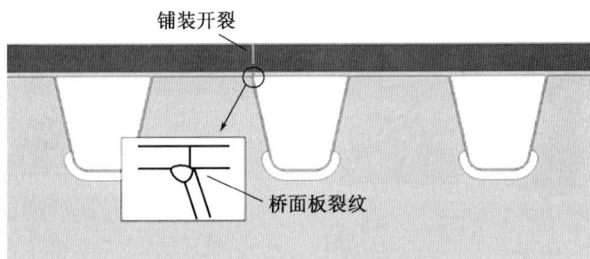

图3.2 桥面板与铺装体系病害关系图

3.2 涂层劣化及腐蚀情况

3.2.1 涂层劣化

钢箱梁的涂装层常常与大气直接接触,大气环境(如温差、紫外线、风雨、车辆尾气等)容易造成涂装层的老化、变质,导致涂装层出现粉化、起泡等病害。

2009年针对大桥钢箱梁涂层进行翻新,目前整体状况良好。但在钢箱梁内部,仍发现局部涂层病害,包括开裂、脱落、烧伤等,如图3.3所示。涂层开裂病害主要是由于局部变形过大或疲劳裂纹的产生导致的。相对于腐蚀和疲劳裂纹,涂层病害属于非结构性破坏,易检测和修复,对桥梁结构性能的影响较小。

3.2.2 腐蚀

江阴大桥横跨长江,空气湿度常年在80%以上,环境大气中富含的硫化物、氮化物等物质往往含有腐蚀成分,易导致钢箱梁发生腐蚀病害。

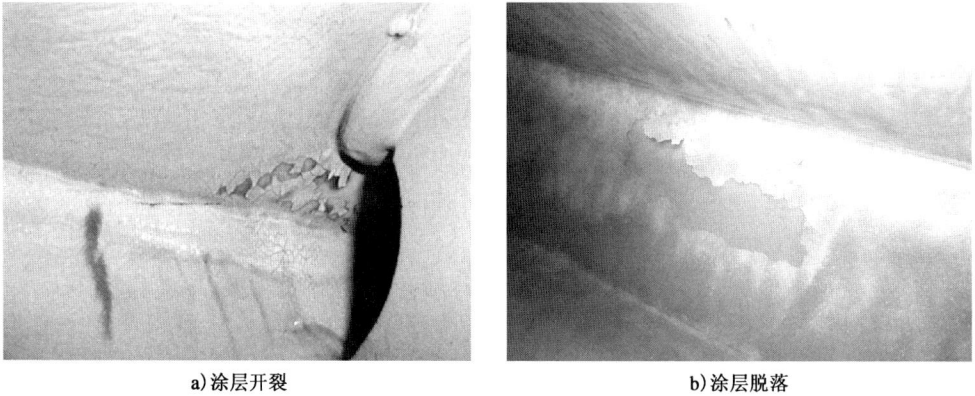

a)涂层开裂

b)涂层脱落

图3.3 江阴大桥钢箱梁内部局部涂层病害

根据检测结果,目前在江阴大桥钢箱梁外部与内部均发现不同程度的腐蚀病害。钢箱梁外部的腐蚀病害主要有点蚀、均匀腐蚀及缝隙腐蚀三大类,主要分布在钢箱梁底面及钢箱梁两侧检修车轨道部位,如图3.4所示。其中,缝隙腐蚀常发生在隐蔽部位,数量占比较其他两种病害大。

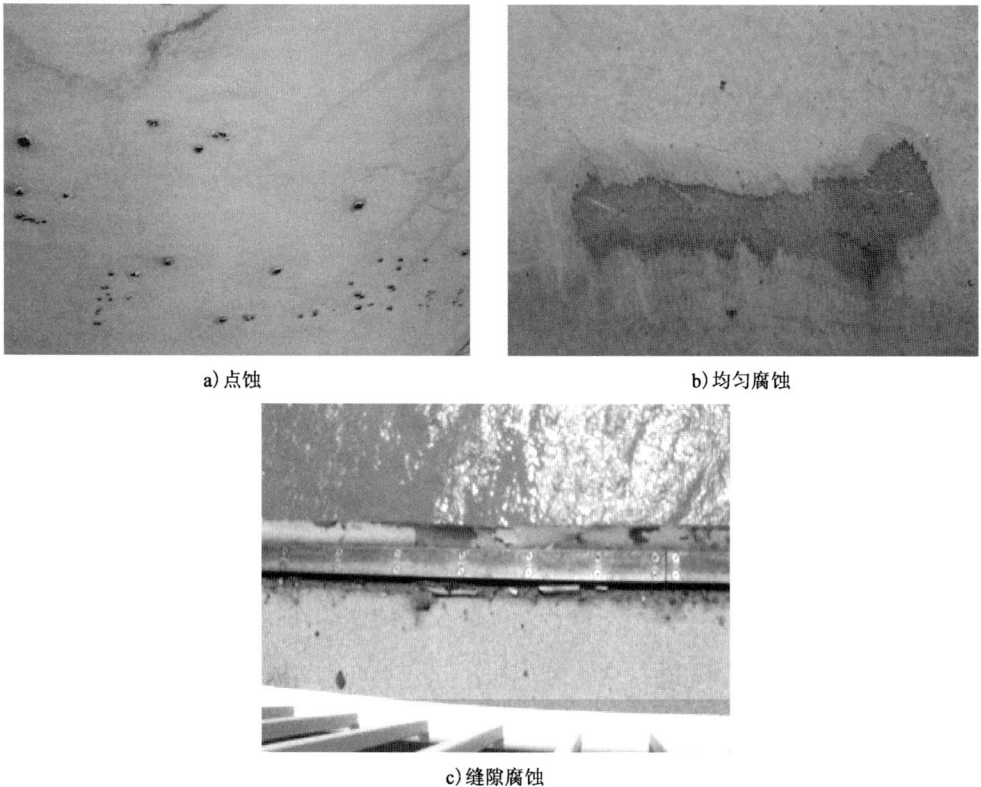

a)点蚀

b)均匀腐蚀

c)缝隙腐蚀

图3.4 钢箱梁外部主要腐蚀病害

钢箱梁内部也存在着一定的腐蚀,主要分布在底板、顶板纵肋焊缝、疲劳裂纹处、裂纹重焊处以及止裂孔孔壁等部位,如图3.5所示。其中,底板部位的腐蚀主要是由于顶板裂纹开裂使得雨水在底板累积,导致该部位发生腐蚀。人为因素占比较少。其他部位腐蚀成因主要有两点:一是钢箱梁表面涂装破坏导致钢材与空气中的水汽直接接触,发生腐蚀;二是钢箱梁内部存在顶板贯穿裂纹,路面雨水渗入U肋内部并积水,随着疲劳裂纹的产生,水汽与裸露的钢材接触,引发电化学反应,从而发生腐蚀。

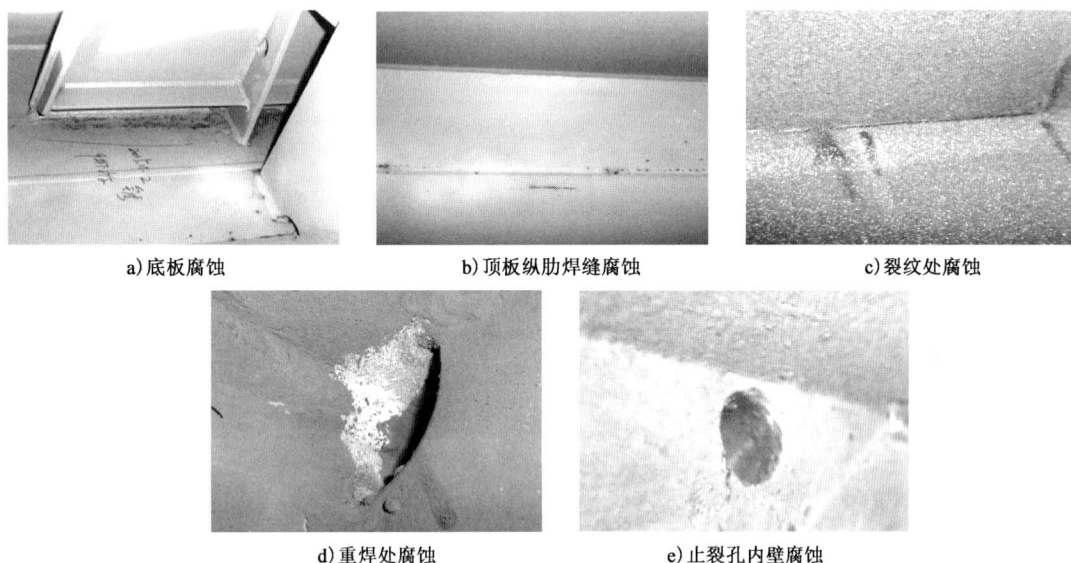

a)底板腐蚀　　　　　　b)顶板纵肋焊缝腐蚀　　　　　　c)裂纹处腐蚀

d)重焊处腐蚀　　　　　　e)止裂孔内壁腐蚀

图3.5　钢箱梁内部主要腐蚀病害

3.3　钢箱梁疲劳损伤现状

3.3.1　疲劳裂纹主要类型

1)主要类型

根据江阴大桥历年年检裂纹统计数据,大桥疲劳裂纹主要分为五大类:横隔板弧形缺口处裂纹、过焊孔处U肋裂纹、过焊孔处顶板焊缝裂纹、U肋嵌补段焊缝裂纹、横隔板加劲肋焊缝裂纹,如表3.1所示。其中,过焊孔处顶板焊缝裂纹最多,占大桥裂纹总数的91.4%。其次是U肋过焊孔处U肋裂缝,占裂纹总数的5.2%,其他三类裂纹占比相对较少。

2014年12月5日,大桥检测过程中,在U肋与顶板角焊缝内侧发现一条顶板贯穿裂纹,如图3.6所示。2015年5月,铣刨路面时发现该裂纹二次开裂,养护单位对其采取相应的维修处理,并对裂纹进行跟踪观测。目前该裂纹维修状况良好,没有继续扩展的趋势。截至今日,该类型裂纹仅发现1条。

江阴大桥钢箱梁疲劳裂纹统计表 表3.1

序号	裂纹位置	裂纹编号	实桥检测图	示 意 图	占比(%)
1	过焊孔处U肋与顶板焊缝裂纹	DU			91.4
2	过焊孔处U肋裂纹	U			5.2
3	U肋嵌补段焊缝裂纹	UU			1.8
4	横隔板弧形缺口处裂纹	Di			1.5
5	横隔板加劲肋焊缝裂纹	DiS			0.1

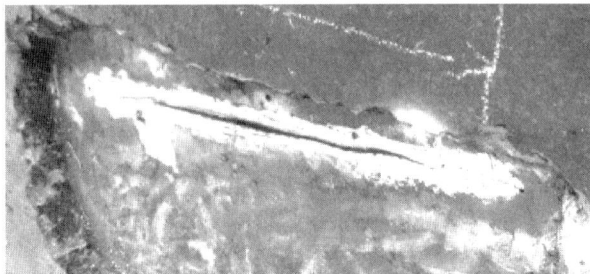

图 3.6　顶板贯穿裂纹

2) 主要成因分析

(1) 过焊孔处 U 肋与顶板焊缝裂纹

过焊孔处顶板焊缝裂纹,主要原因是车辆荷载作用下,顶板与 U 肋发生相对弯曲变形。根据不同部位弯矩的大小,可分为焊趾裂纹和焊根裂纹,如图 3.7 所示。当纵肋内侧的弯矩 M_1 大于外侧的弯矩 M_2 时,或纵肋弯矩 M_3 大于面板合弯矩 $M_1 + M_2$ 时,裂纹就可能起始于焊趾,否则就可能起源于焊根。其中,江阴大桥以焊根水平裂纹为主,如图 3.7b) 所示。

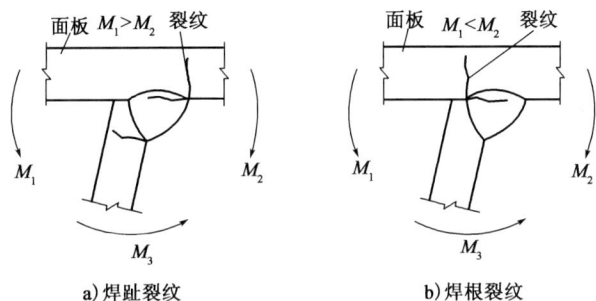

图 3.7　顶板焊缝裂纹示意图

采用数值模拟方法,对车轮荷载作用下该类型裂纹焊缝应力进行分析,模拟结果如图 3.8 所示。由图可知,焊缝附近存在应力集中,焊根与焊趾处均为拉应力,容易产生疲劳损伤。

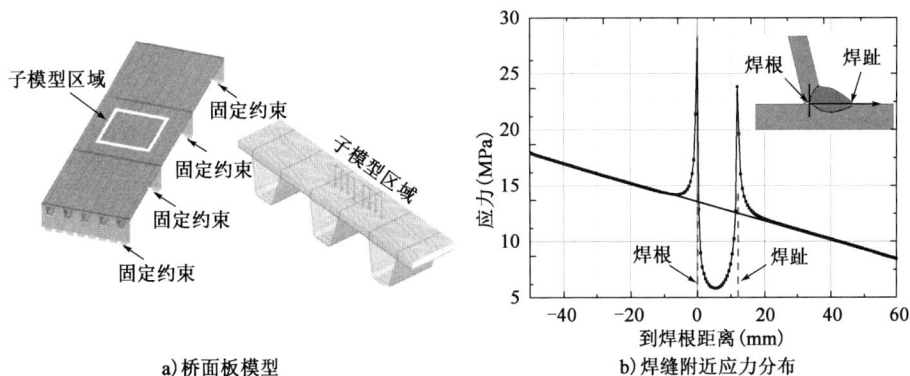

图 3.8　有限元模型及计算结果

（2）嵌补段焊缝裂纹

U肋在车辆荷载作用下,会产生竖向变形,从而在U肋上产生了纵向弯矩,嵌补段的竖向裂纹主要是由于弯矩产生的循环主应力引起的。同时,嵌补段的对接焊采用的是仰焊,焊接质量不容易保证,容易出现焊接缺陷,从而造成嵌补段对接焊缝处疲劳裂纹的出现。为进一步分析对接焊缝的裂纹成因,采用数值模拟方法对U肋的纵桥向变形情况进行分析,如图3.9所示。从U肋的变形特点可知,车轮经过时,U肋产生向下和向上的交替变形,U肋底部承受拉压交替应力,导致底部的对接焊缝产生疲劳裂纹。实桥上U肋对接细节处的疲劳裂纹通常萌生于U肋底部的对接焊缝,与有限元分析结果相吻合。

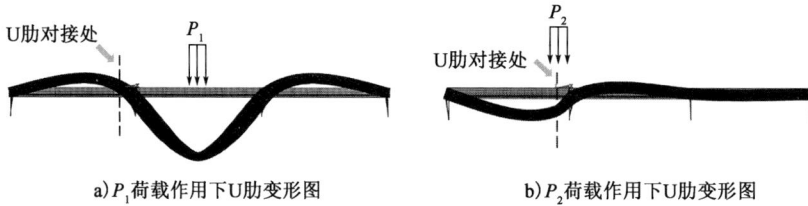

a)P_1荷载作用下U肋变形图　　　　　b)P_2荷载作用下U肋变形图

图3.9　不同荷载工况下U肋变形

（3）横隔板弧形缺口处裂纹

横隔板弧形缺口处裂纹,主要是由于车载荷载作用下横隔板产生面内和面外变形而形成的。当桥面板受到沿纵向移动的车轮荷载作用时,U肋产生反复挠曲变形,进而导致横隔板产生面外反复变形,当该面外变形受到约束时,会产生很大的次弯曲应力,约束刚度越大,产生的次弯曲应力越大,如图3.10a)所示。

此外,横隔板作为钢箱梁的横梁,当受到汽车荷载的作用时,会出现竖向挠曲变形。由于横隔板上设有弧形缺口,因此在弧形缺口周围将会出现较大的面内弯曲应力和剪应力,如图3.10b)所示。在以上两种次应力循环作用下,横隔板弧形缺口处极易出现疲劳裂纹。

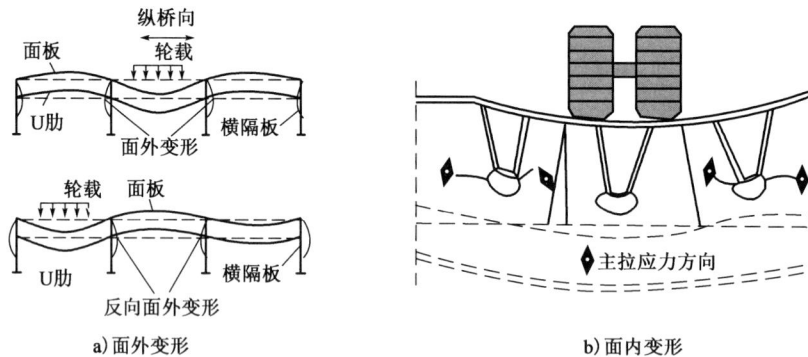

a)面外变形　　　　　　　　　　b)面内变形

图3.10　横隔板弧形缺口处裂纹成因

（4）过焊孔处U肋裂纹

过焊孔处U肋裂纹,主要是由U肋的面外变形形成的,如图3.11所示。

（5）横隔板加劲肋焊缝裂纹

横隔板加劲肋焊缝裂纹,主要是由于横隔板的面外变形与纵隔板变形不一致,从而在两者连接部位产生较大的应力集中,产生疲劳裂纹。

车辆荷载

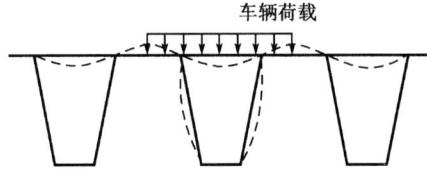

图3.11 过焊孔处 U 肋裂纹成因

3.3.2 钢箱梁疲劳损伤现状

大桥于 2011 年 6 月 27 日首次发现疲劳裂纹,具体位于 60 号~61 号吊索之间,距离 62 号吊索 6.98m 的第 6 号 U 肋西侧。从这几年的检查结果来看,前期裂纹数量总体增长幅度较大,近几年增长趋势逐渐趋缓。截至 2017 年年底,对江阴大桥钢箱梁焊缝疲劳裂纹按照梁段进行统计,每两个梁段为一组(一组内包含 10 个横隔板),沿桥纵向的总体分布情况如图 3.12 所示。将大桥主跨平均分为 4 段,即北塔—1/4 跨(1~11 组),1/4 跨—跨中(12~22 组),跨中—3/4 跨(23~33 组),3/4 跨—南塔(34~44 组)。通过统计可知,北塔—1/4 跨和 3/4 跨—南塔段的疲劳裂纹数量相对较多,分别占裂纹总数量的 32% 和 29.1%,说明钢箱梁焊缝的疲劳损伤主要集中在南北塔附近的 1/4 段中,而跨中部位的焊缝疲劳损伤相对较轻。对江阴大桥钢箱梁上游、下游(上游:靖江—江阴;下游:江阴—靖江)的焊缝疲劳损伤情况进行分析,发现上游的焊缝疲劳损伤约占 54.6%,下游约占 45.4%,上游的疲劳损伤略大于下游。

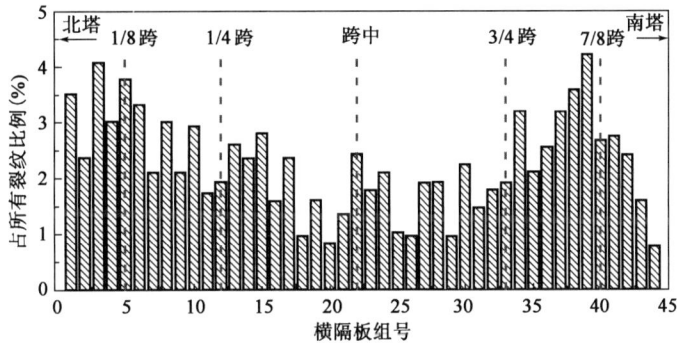

图3.12 钢箱梁焊缝疲劳损伤纵桥向分布情况

而疲劳裂纹沿桥纵向的分布规律可以通过分析桥梁的动力响应进行初步的预测和估算,如图 3.13 所示。在 1/4 跨部位,其位移时程和弯矩时程均相对较大,说明桥梁在 1/4 跨部位附近相对更容易产生疲劳损伤,这与实桥检测裂纹分布情况大致吻合。

图 3.14 给出了横桥向,即钢箱梁横断面上的疲劳损伤情况(上下游的累计值)。通过对比发现,横桥向疲劳损伤主要发生在 5 号、6 号、8 号、9 号、12 号和 15 号 U 肋上,其中 12 号 U 肋的疲劳损伤情况相对严重。在今后的钢箱梁焊缝检测中,应对上述 6 个 U 肋焊缝情况进行重点关注。在图 3.14 的基础上,基于 U 肋编号与大桥车道之间的对应关系,得到不同车道上疲劳损伤分布情况,如图 3.15 所示。由图 3.15 可知,焊缝的疲劳损伤主要集中在第三车道(5~10 号 U 肋),即重车道以及第二车道(11~16 号 U 肋)上,其中第三车道的裂纹数量较多,约占总数的 86%,第二车道约占总数的 12%。根据裂纹数量的分布情况,第三车道的疲劳损

伤是大桥钢箱梁焊缝疲劳损伤重点区域。

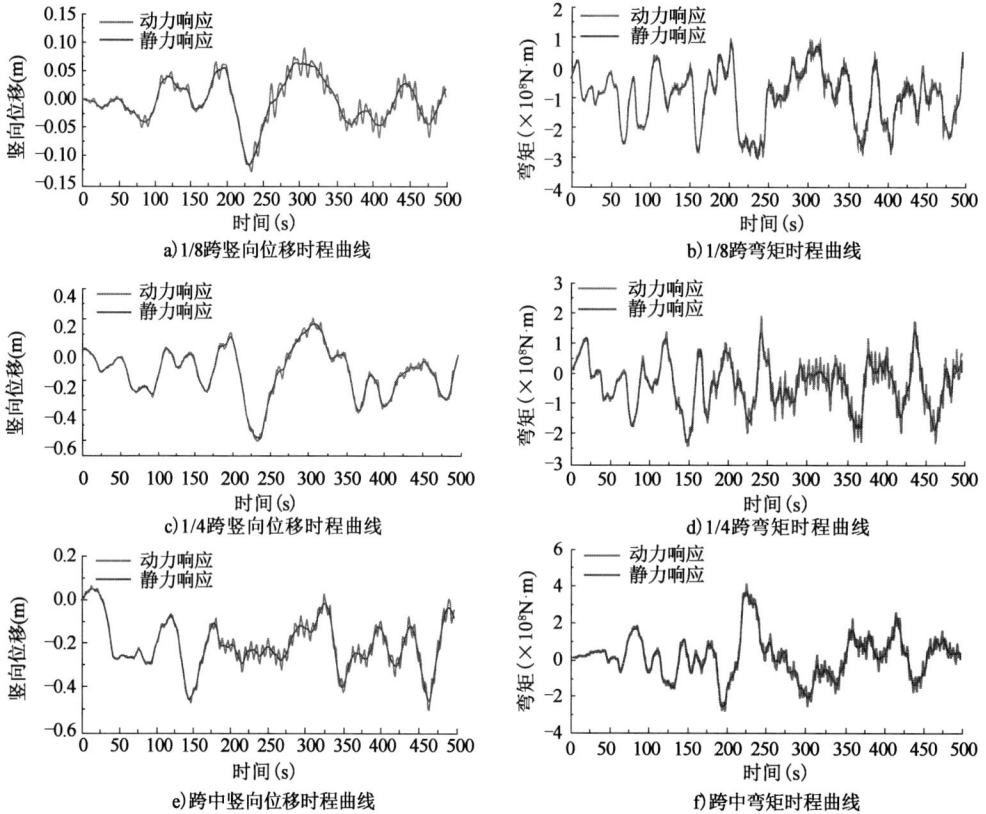

a)1/8跨竖向位移时程曲线

b)1/8跨弯矩时程曲线

c)1/4跨竖向位移时程曲线

d)1/4跨弯矩时程曲线

e)跨中竖向位移时程曲线

f)跨中弯矩时程曲线

图3.13 大桥振动响应时程曲线图

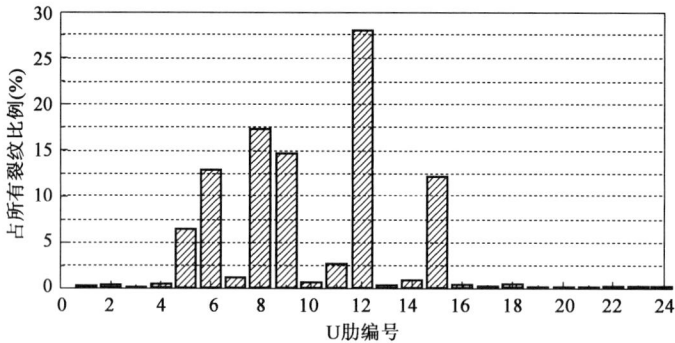

图3.14 横桥向的疲劳损伤分布情况

根据江阴大桥年检报告,对新检出裂纹的长度进行统计分析,如图3.16所示。从图3.16a)可以看出,大多数所检出的新增裂纹长度主要集中在30~120mm区间内,而长度在0~30mm以及150mm以上的裂纹相对较少。说明,一般情况下钢箱梁焊缝的疲劳裂纹首次被发现时,均具有了一定的宏观长度,这与江阴大桥钢箱梁焊缝疲劳裂纹萌生和扩展规律密切相关,主要体现在:

（1）大桥钢箱梁焊缝疲劳裂纹以顶板与 U 肋焊缝裂纹为主。

（2）此类焊缝裂纹往往萌生于焊根部位,由内向外水平扩展。

（3）当裂纹扩展至瞬断区时,剩余截面会产生强度断裂,产生较长断裂区。

（4）裂纹穿透焊缝至表面后才可被检查人员直接发现和观测。

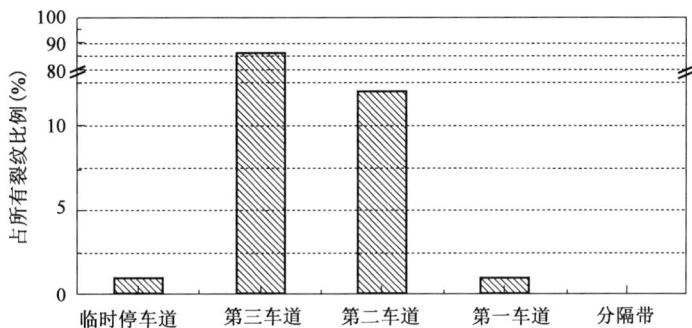

图 3.15 疲劳损伤在不同车道的分布情况

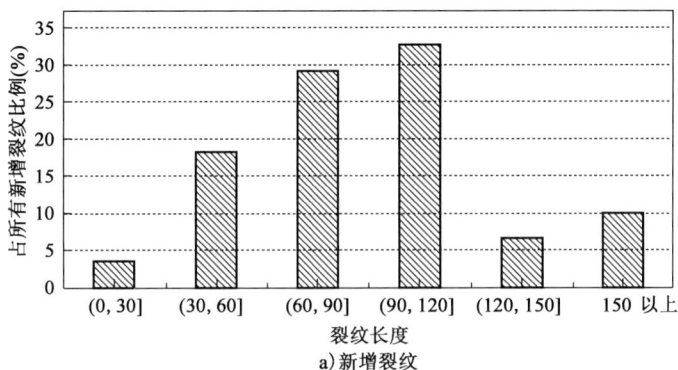

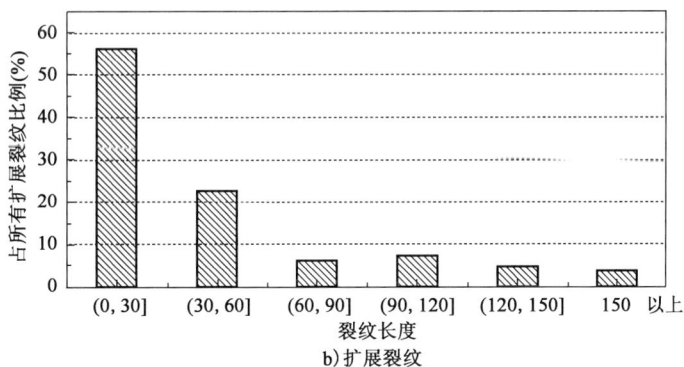

a)新增裂纹

b)扩展裂纹

图 3.16 裂纹各长度分布情况

因此,在上述条件下通过人工检查发现的疲劳裂纹扩展至一定长度。而扩展裂纹的检出情况总体较为合理,以短裂纹为主,说明现有的检查频率能够大致捕捉裂纹扩展的第一时刻,并在检查报告中反映出来,可在第一时间采取有效的措施进行处理。

疲劳裂纹维修后的跟踪观测是评估维修技术效果、深入研究实桥裂纹扩展规律的重要途径。通过对江阴大桥疲劳裂纹检测结果分析,发现约15%左右的疲劳裂纹在维修后存在二次

扩展现象,这与裂纹维修技术的针对性、现场维修的可操作性等因素有关,但大部分裂纹在维修后均能够得到有效的控制。图 3.17 统计了自 2014 年以来维修后裂纹的二次扩展的大致时间,可以发现在上述二次扩展的裂纹中,大部分均在维修后 4 年之内产生了二次扩展现象,说明对于维修后疲劳裂纹的持续观测和评估应至少持续 3~4 年。

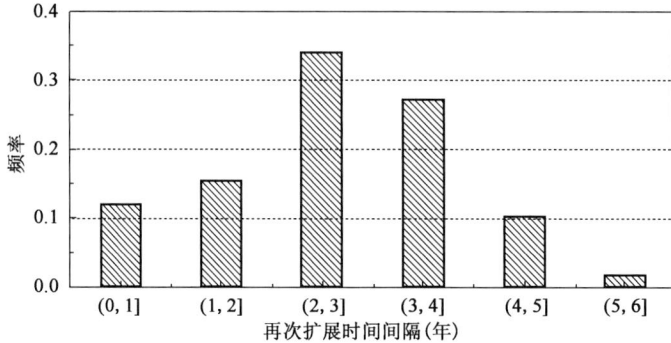

图 3.17　裂纹维修后二次扩展情况

3.3.3　疲劳损伤分布及发展趋势

1)疲劳损伤发展情况

依据钢箱梁焊缝检查报告,分别统计了每年度上半年和下半年裂纹的增长情况,如图 3.18 所示。由图中可以看出,随着 2011 年第一条疲劳裂纹的发现,在前期的裂纹增长率相对较大,而 2014 年之后,裂纹增长幅度有了显著的降低,并逐渐趋于平稳,稳定在 6% 左右。随着近几年钢箱梁养护工作的不断完善以及新技术的应用,钢箱梁整体的疲劳损伤情况得到了有效的缓解。

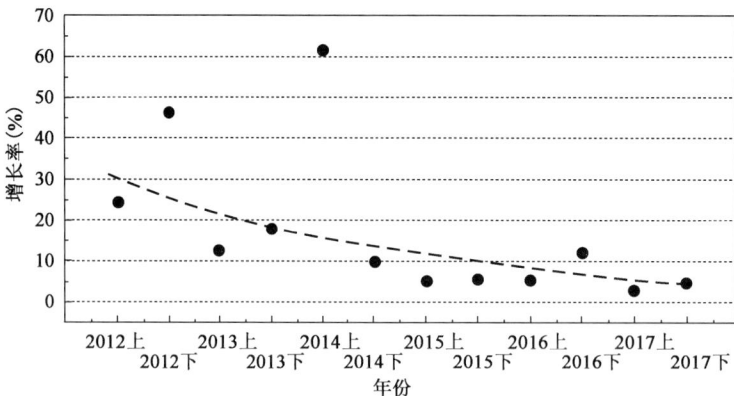

图 3.18　2011—2017 年每半年裂纹增长率情况

图 3.19 给出了新增裂纹在每年度的两次检查中的占比情况,发现新增裂纹的数量较多,超过一半,但是从历年的裂纹检测结果来看,新增裂纹的比例呈现出逐年递减的趋势,一方面说明了钢箱梁疲劳裂纹的增长趋势得到合理控制,另一方面也体现出养护技术投入的成效。随着裂纹的不断维修和时间的累积,二次扩展裂纹的数量有一定的增加,但总体基数较小。如何处置二次扩展或多次扩展的焊缝疲劳裂纹,将成为大桥面临的挑战之一。

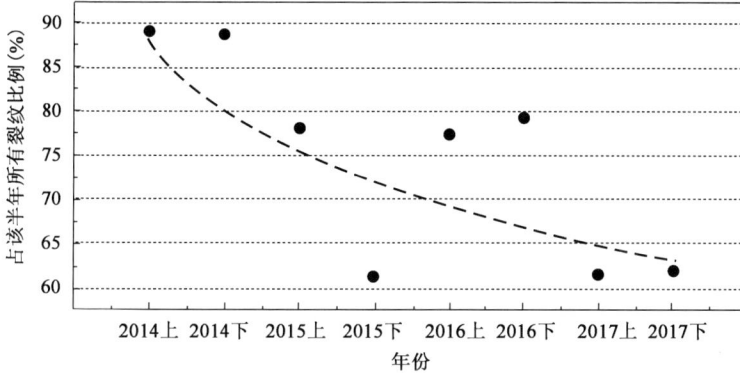

图 3.19　2014—2017 年每半年新增裂纹占比情况

2）纵桥向的分布规律

以江阴大桥关键断面作为分析的主要对象,分别对南北塔的附近、1/8 跨、1/4 跨及 1/2 跨断面进行统计分析,得到每个关键断面相邻 20 个横隔板每年累积的裂纹总数的变化规律,如图 3.20 所示。从图中可以看出,大桥早期的裂纹仍主要集中在南北塔到 1/4 跨附近的位置,但是随着时间的变化,新增裂纹的分布情况产生了变化,主要体现在:

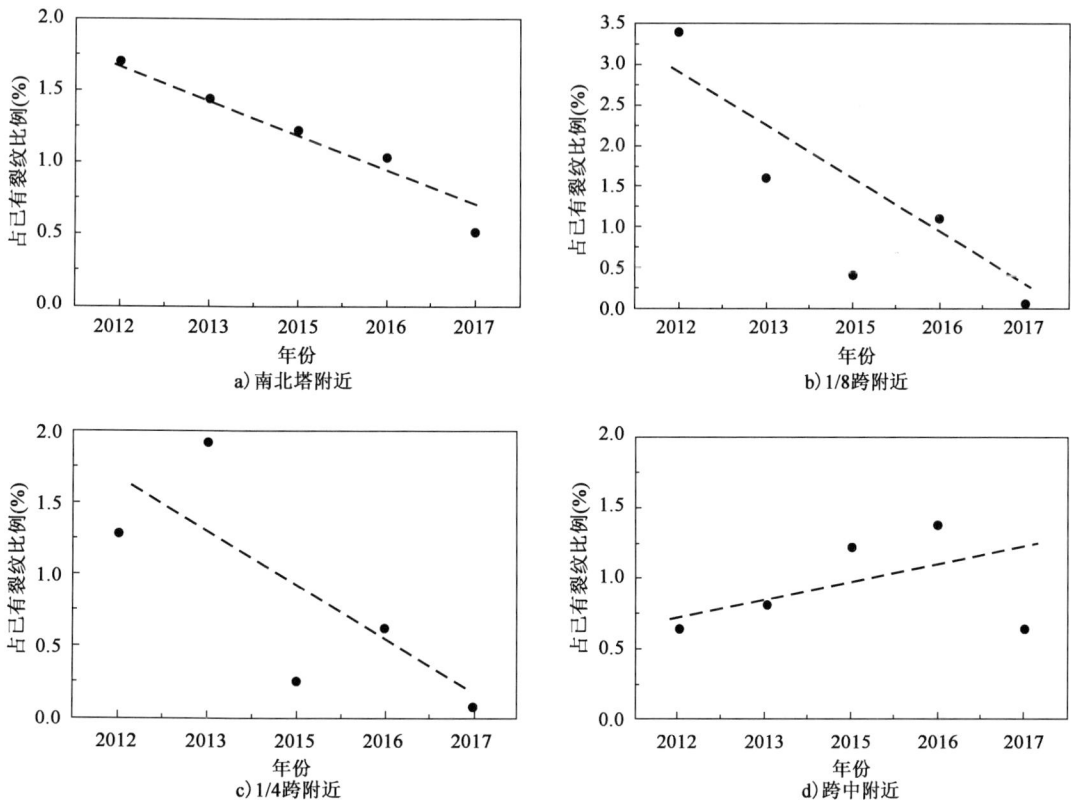

a）南北塔附近

b）1/8跨附近

c）1/4跨附近

d）跨中附近

图 3.20　关键断面的裂纹占比变化规律

39

（1）南北塔附近的新增裂纹逐年减少。

（2）1/8 跨附近的新增裂纹呈较为明显的下降趋势。

（3）1/4 跨附近的新增裂纹逐年降低。

（4）跨中附近的裂纹呈逐年相对增加趋势。

由此说明，随着运营时间的推移，江阴大桥钢箱梁焊缝疲劳裂纹的分布呈现出两侧向中间增加的趋势，并且分布也逐渐趋于均匀。

3）横桥向的分布及发展趋势

对历年横桥向的裂纹分布情况进行统计分析（图 3.21），可以发现，历年来第三车道（重车道）位置一直是焊缝疲劳损伤的重点区域。每年第三车道的裂纹数量与其他部位相比仍占绝大多数，并且每年的波动幅度较小。因此，今后第三车道的疲劳损伤仍是需要重点关注的部位。

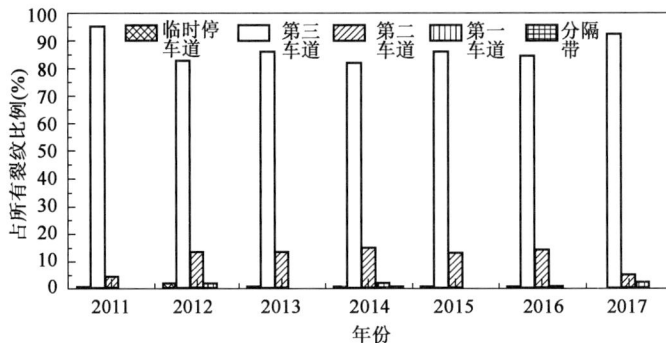

图 3.21　横桥向的裂纹占比变化规律

3.3.4　裂纹维修的二次扩展情况

1）典型构造细节疲劳裂纹扩展特征

（1）顶板与 U 肋焊缝水平裂纹

顶板与 U 肋焊缝裂纹，在大桥疲劳裂纹数量中所占比重最大，该裂纹的扩展也更加关注，具体的裂纹扩展路径如图 3.22 所示。裂纹最初萌生于顶板与 U 肋焊缝内侧的焊根处，并且随着裂纹长度的不断增加逐渐贯穿整个焊缝截面，由隐蔽裂纹变为表面可见裂纹，在裂透后的较短长度内紧贴着顶板焊趾部位发展，并逐步向下扩展贯穿整个焊缝高度截面，当达到一定长度后，裂纹突然拐弯沿着与原先扩展方向大致呈 135° 斜向下扩展。

（2）过焊孔部位 U 肋母材裂纹

过焊孔部位 U 肋母材裂纹，在江阴大桥的疲劳裂纹数量中也相对较多，此类裂纹的成因已在 3.3.1 节中进行了阐述。裂纹最初萌生于过焊孔部位横隔板与 U 肋母材焊缝的包脚处，裂纹较短时其扩展路径紧贴着焊趾包脚处延伸，当其越过焊缝后大致沿着 45° 方向斜向下扩展，如图 3.23 所示。

（3）横隔板弧形缺口部位裂纹

横隔板弧形缺口部位裂纹，主要分布于江阴大桥南北塔附近的横隔板。裂纹最初萌生于弧形缺口部位横隔板与 U 肋母材的焊缝部位,沿着横隔板母材方向斜向上扩展,然后逐渐趋于平缓,如图 3.24 所示。

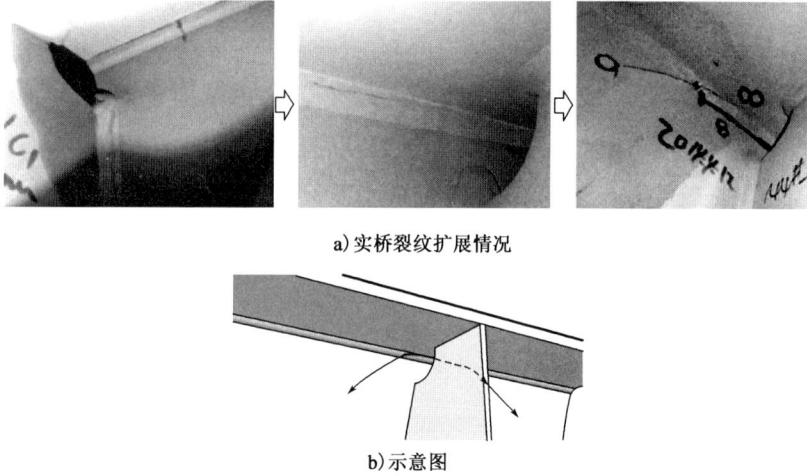

a) 实桥裂纹扩展情况

b) 示意图

图 3.22 顶板与 U 肋焊缝水平裂纹的扩展情况

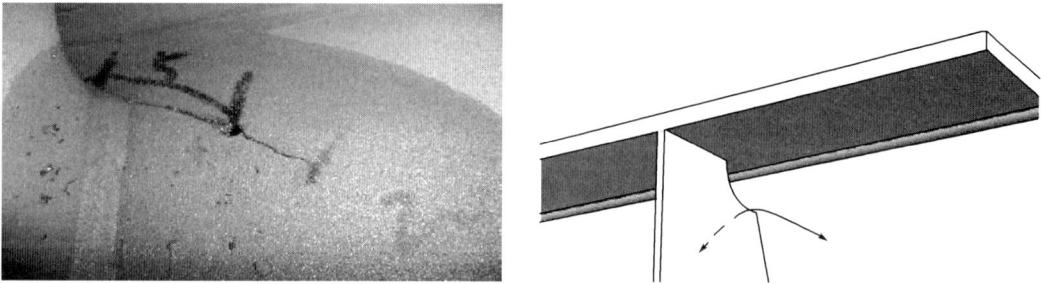

图 3.23 过焊孔部位 U 肋母材裂纹的扩展情况

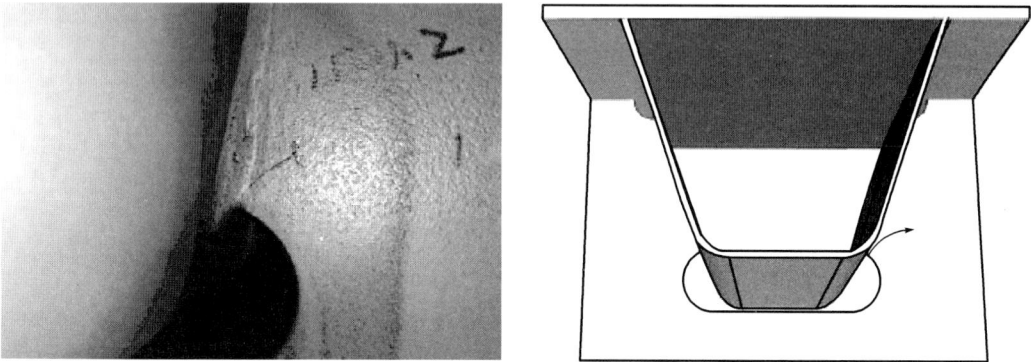

图 3.24 隔板弧形缺口部位裂纹的扩展情况

2) 既有裂纹的扩展情况

图 3.25 给出了江阴大桥既有裂纹的二次扩展情况(依据 2014—2017 年数据)。扩展裂纹的分布沿全桥纵向相对平均,与新增裂纹的分布趋势存在一定的差异,但 1/4 跨到南北塔附近的裂纹扩展情况仍相对较多,跨中则相对较少。

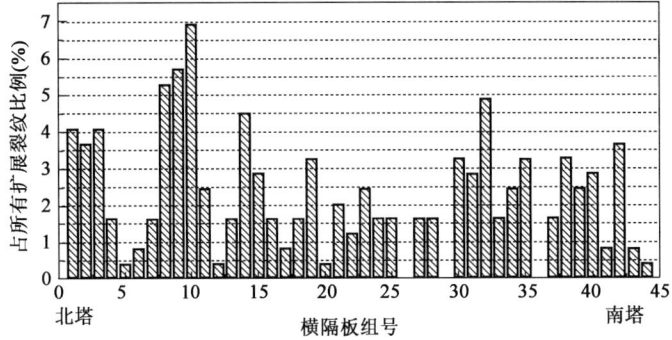

图 3.25 既有裂纹的二次扩展情况

由图3.26可见,2014—2017年扩展裂纹占比呈现出一定的规律,即下半年扩展裂纹平均占比比上半年略多,这可能由于夏天高温天气对桥面板疲劳性能影响而导致的。因为沥青混合料钢桥面铺装刚度随着温度升高迅速降低,导致铺装层下的正交异性钢桥面板受力迅速增加;在相同的荷载条件下,高温(55℃)条件下钢桥面板疲劳损伤度约为常温(10℃)的21倍,是导致冬天和夏天疲劳损伤差异的主要原因。

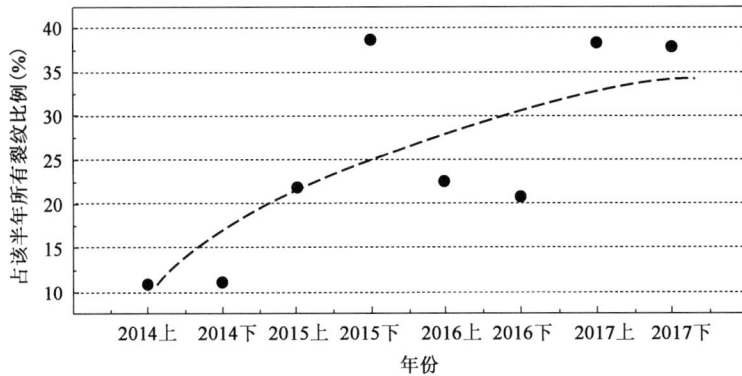

图 3.26 江阴大桥 2014—2017 年扩展裂纹情况

图3.27给出了江阴大桥扩展裂纹在不同U肋位置的分布情况。从图中可以看出,在8号和12号的U肋上扩展的裂纹占比最多。这与重车的荷载以及该部位裂纹的基数有着直接的关系,其余部位的裂纹相对较少。

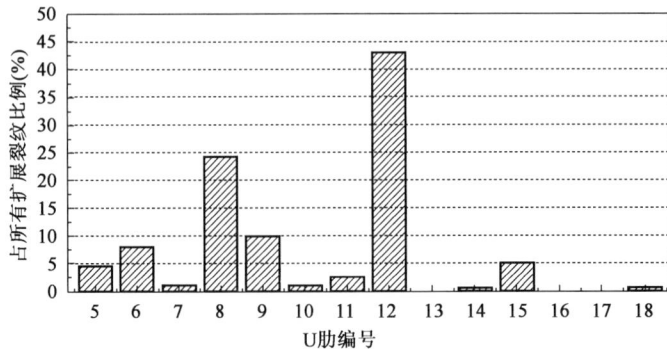

图 3.27 江阴大桥扩展裂纹横桥向分布情况

3.4 钢箱梁病害状况总结

江阴大桥位于长江三角洲地段的中部,处于长江流域湿润的环境中,并且长期承受风、雨、雾和大气污染的侵蚀,使得钢箱梁涂层产生不同程度的劣化,涂层局部脱落情况较为普遍。江苏扬子大桥股份有限公司根据钢箱梁涂装病害情况以及涂层自身的耐久性(15年),于通车10年后,即2009年开展了钢箱梁外表面涂层的整体翻新及维修工作。将涂装新技术、新材料应用于服役阶段的钢箱梁,针对原有涂层进行了针对性的翻新和维修。截至目前,翻新后的钢箱梁整体外表面涂层状况良好,尚未发现明显的病害。但在钢箱梁内部,由于焊缝疲劳裂纹的产生,涂层开裂现象较为普遍,并且不可避免。另外,在钢箱梁内部水汽的作用下,开裂部位往往会产生锈蚀,从而进一步影响附近的涂层。因此,对于今后的疲劳裂纹维修工作而言,在其维修后可采取一定的"封缝"措施,从而避免内部锈蚀的扩散。

在钢箱梁内部焊缝疲劳损伤方面,自2011年产生疲劳裂纹以来,前期的疲劳裂纹增长数量相对较快,但由于近几年对超载、过载车辆的有效管理以及在钢箱梁焊缝疲劳损伤方面科研成本的投入和成果的应用,江阴大桥钢箱梁内部焊缝疲劳裂纹的增长率有较为明显的降低,并且每年裂纹的新增率也有一定程度的下降。从纵桥向来看,疲劳损伤仍主要集中在南北塔附近至1/4跨之间,但从历年的发展规律可以看出,随着时间的增长,大桥跨中部位的疲劳损伤情况有一定增长的趋势;从横桥向来看,第三车道仍是焊缝疲劳损伤的重点部位,加强该车道对应的顶板部位焊缝的检查和维修仍是今后的重点工作。

由于钢箱梁焊缝的疲劳损伤过程是一个逐渐累积和发展的动态变化过程,在车辆荷载作用下疲劳开裂难以避免。随着公司在钢箱梁养护工作人力、物力以及相关科研和管理体系等方面的大量投入,目前钢箱梁焊缝疲劳损伤状态已经得到了合理的控制,发展趋势减缓,无严重病害产生。同时,也正不断开展钢箱梁养护方面的前瞻性科学研究,为今后大桥钢箱梁养护工作以及面临的巨大挑战提供重要的技术支撑。

④ 2017年钢箱梁养护工作

4.1 概况

根据钢箱梁养护工作需求及发展目标,实现钢箱梁"科学养护"的管理方式,2017年公司围绕钢箱梁病害及其养护工作,联合河海大学、同济大学等开展了钢箱梁病害检查、裂纹扩展规律、病害维修技术及疲劳裂纹检修及跟踪等科研项目。2017年,钢箱梁养护工作投入进一步增大,科研投入创历史新高,并取得了系列研究成果,已成功应用于钢箱梁养护工作中。

2017年度,按照《江阴长江公路大桥维护手册》(第四版)有序开展了钢箱梁结构及其桥面附属结构的定期检查、巡查等基本养护工作,同时分别于2017年5月与11月开展了两次钢箱梁焊缝专项检查,包括钢箱梁内部涂层检查与疲劳损伤检查。在焊缝检查的基础上,分别于2017年6月和2017年12月开展了焊缝疲劳裂纹的维修工作,所检出的裂纹均得到了有效的处治,钢箱梁焊缝的疲劳损伤情况良好,总体可控。

与此同时,对以往钢箱梁养护工作进行了全面的梳理和总结,并联合河海大学针对钢箱梁养护技术进行了改进和优化,在现场开展了新技术的全面实施和跟踪评估,开启了钢箱梁精细化养护的发展道路。2017年度在常规养护工作基础上,重点针对以下工作进行了新的探索和尝试:

(1)提出钢箱梁标准编码方案。

(2)制定焊缝检查及维修标准化流程。

(3)优化钻孔止裂和补焊维修技术。

(4)开展气动冲击维修新技术的示范应用。

(5)开展焊缝疲劳裂纹长期跟踪评估工作。

通过一年的现场实施和改进,养护工作的新方法已经能够初步满足现场的使用需求,也得到了现场养护工作人员的认可和高度评价。同时,进一步打开了钢箱梁养护,乃至江阴大桥整体养护工作的新思路,提出了养护工作的"顶层设计"目标和需求,为推动标准化养护奠定了良好的基础。

4.2 钢箱梁标准编码

4.2.1 空间位置编码

以大桥走向和地理位置坐标为参考,建立局部桥面坐标系。以江阴大桥为例,江阴方向为南,靖江方向为北,由此确定东西方向,以此局部坐标系为参考系确定裂纹的空间,如图4.1所示。

东南西北,分别用字母 E、S、W、N 简化表示。

上下游编号方法:钢箱梁截面根据上行、下行车道以及江河的走向,划分为上游和下游,以江阴桥为例,上游为靖江—江阴方向车道,下游为江阴—靖江方向车道。分别用正负号表示上下游。

横隔板编号方法:由靖江侧依次按顺序进行编码。大桥北塔部位第一道横隔板为1号,并由北向南依次递增。

U 肋编号方法:以钢箱梁最外边缘 U 肋为 1 号 U 肋,向钢箱梁中部依次进行编号。位于上游侧和下游侧的 U 肋分别用正负号进行区分,即" + 1"表示上游侧 1 号 U 肋(正号通常可以不写);"– 1"表示下游侧 1 号 U 肋(负号必须写)。

图 4.1　江阴大桥总体坐标系

4.2.2　构造编码

钢箱梁主要由顶板、横隔板、U 肋、加劲肋等构造板材通过焊接和栓接的方式连接组成。依据主要构造板材进行统一编码,用字母指代,如顶板用字母"D"表示,U 肋用字母"U"表示,横隔板用字母"Di"表示,具体如表 4.1 所示。

钢箱梁构造细节及指代字母　　　　　　　　　　　　　　　　表 4.1

细　　　节	英 文 名 称	指 代 字 母
顶板	Deck	D
U 肋	U-rib	U
横隔板	Diaphragm	Di
加劲肋	Stiffener	S
其他	Other	O

注:其他未具体编号的构造可根据实际需求进一步编码。

4.2.3　焊缝编码

焊缝部位编码由该焊缝所连接的构件细节的指代字母组合表示,并依据正交异性钢桥面板体系的上下结构关系,依次将顶板、U 肋、横隔板按照优先级顺序与其他构件进行组合编码。如顶板与 U 肋焊缝编码为 DU,顶板与横隔板焊缝编码为 DDi,具体如表 4.2 所示。东侧顶板与 U 肋焊缝记为 DU-1,西侧顶板与 U 肋焊缝记为 DU-2,其他焊缝编码规则相同。

钢箱梁焊缝编码　　　　　　　　　　　　　　　　表 4.2

部　　　位	英 文 名 称	编　　　码
顶板与 U 肋焊缝	Deck to U-rib joint	DU
顶板与横隔板焊缝	Deck to Diaphragm joint	DDi
U 肋与横隔板焊缝	U-rib to Diaphragm joint	UDi
U 肋对接/嵌补段焊缝	U-rib to U-rib joint	UU
顶板与加劲肋焊缝	Deck to Stiffener joint	DS
横隔板加劲肋焊缝	Diaphragm to Stiffener joint	DiS

4.2.4 局部位置编码

1）横隔板母材上裂纹

横隔板母材上裂纹为横隔板与顶板过焊孔和横隔板弧形缺口处在横隔板上开裂和发展的裂纹。东侧上方裂纹为 Di-1，下方裂缝为 Di-2；西侧下方裂纹为 Di-3，上方裂缝为 Di-4，如图4.2 所示。

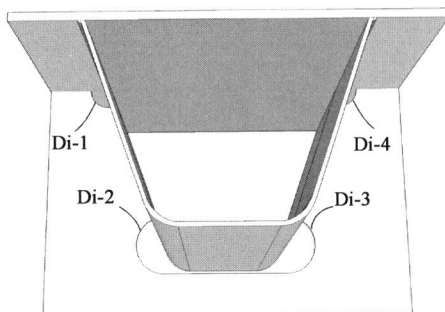

图4.2 横隔板母材上裂纹编码

2）U 肋母材上裂纹

U 肋母材上裂纹为 U 肋与横隔板焊缝部位在 U 肋母材上开裂和发展的裂纹。东侧上方记为U-1，下方为 U-2；西侧下方为 U-3，西侧上方为 U-4，如图4.3 所示。

a) 东侧裂纹　　　　　　　　　　　　b) 西侧裂纹

图4.3 U 肋母材上裂纹编码

3）顶板与 U 肋焊缝裂纹

东侧焊缝开裂为 DU-1，西侧为 DU-2。

此类裂纹在扩展过程较为复杂，萌生于顶板与 U 肋焊缝，首先沿焊缝方向水平扩展，随着裂纹长度的增加，斜向下扩展至 U 肋母材。针对该类裂纹的不同扩展阶段制定了不同的维修方案，并在裂纹编码中进行详细区分。以 U 肋焊趾为分界线，裂纹尖端位于焊缝高度范围内记为"DU-x"（$x = 1$、2），裂纹尖端位于 U 肋母材上记为"DU-x^*"（$x = 1$、2）。具体编码方法如图4.4 所示。

49

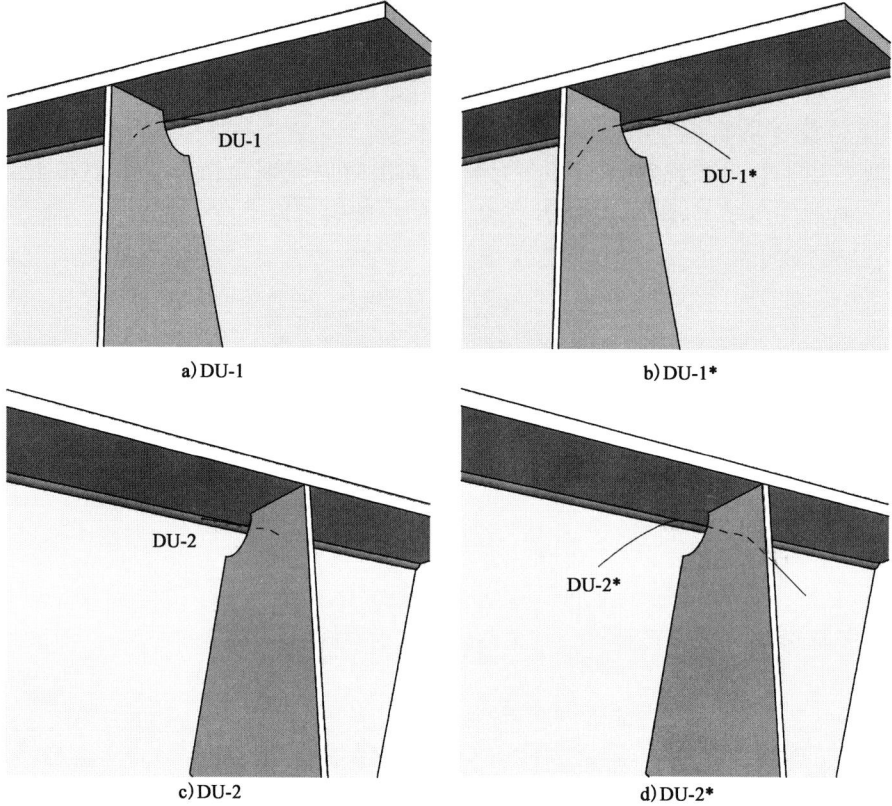

a)DU-1

b)DU-1*

c)DU-2

d)DU-2*

图4.4 DU部位裂纹编码

4)U肋对接/嵌补段焊缝裂纹

东侧裂缝为UU-1,底面裂缝为UU-2,西侧裂缝为UU-3,如图4.5所示。

若在该部位产生了顶板与U肋焊缝裂纹,仍按照顶板与U肋焊缝裂纹进行编码,并以备注的方式对此裂纹进行区分,如DU-2(嵌补段)。

5)横隔板加劲肋裂纹

此类裂纹主要位于南北塔附近,横隔板与加劲肋连接部位,用DiS-1和DiS-2表示,具体如图4.6所示。

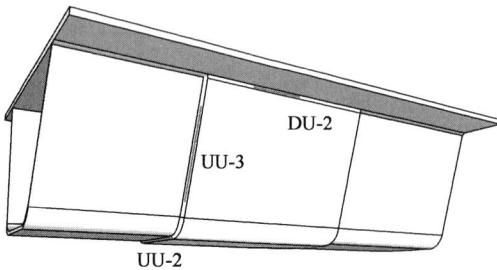

图4.5 U肋对接/嵌补段焊缝裂纹编码

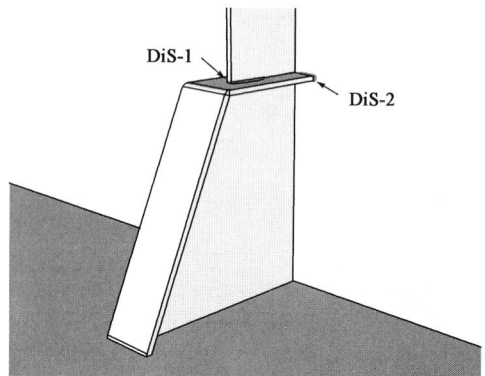

图4.6 横隔板加劲肋裂纹编码

原有编码方式已长期应用于江阴大桥病害检修中,相关检测工人对原有编码已经较为熟悉。为了能够熟悉并适应修正后的编码方式,建立原有编码与修正编码对应表(表4.3),以供编码变换过渡期间的查阅和参考。另外,根据编码方案的现场应用情况总结,将会对钢箱梁标准编码进行更好的完善。

原有编码与修正编码对照表 表4.3

开 裂 位 置	原 有 编 码	拼 音 编 码	英 文 编 码
横隔板母材上裂纹	A	H	Di
U肋母材上裂纹	B	U	U
顶板与U肋焊缝裂纹	C	DU	DU
U肋对接/嵌补段焊缝裂纹	D	UU	UU
横隔板加劲肋裂纹	E	HJ	DiS

4.3 疲劳损伤养护工作流程

4.3.1 病害检查流程

1)建立裂纹统一编码

据统计,江阴大桥钢箱梁疲劳裂纹产生部位主要包括五类,详见3.3.1节。在开展病害检查前,首先须根据疲劳裂纹的产生部位及扩展特征进行统一的定位和编码。本蓝皮书在钢箱梁现有疲劳裂纹基础上,结合大桥的地理位置特征,建立了一套"三级定位机制"的钢箱梁疲劳裂纹的编码方案,详见4.2节。其中,三级定位机制依次为"方向"定位(一级定位)、"构造"定位(二级定位)和"特征"定位(三级定位),如图4.7所示。

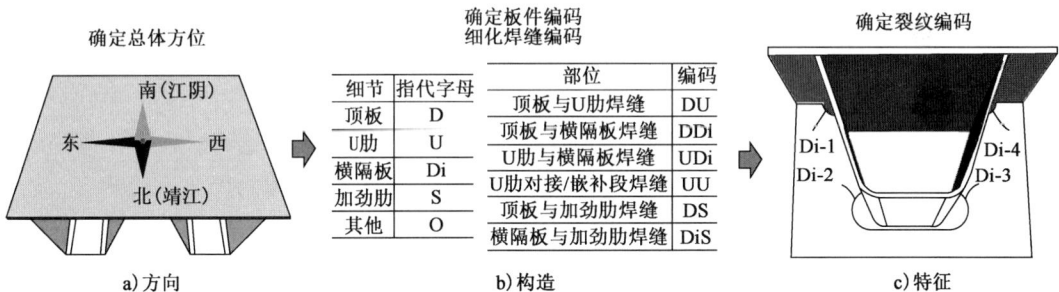

图4.7 江阴大桥裂纹定位方案

2)建立检查流程

贯彻"科学养护"的工作原则,针对当前钢箱梁疲劳裂纹检查现状及存在问题,建立了一套标准化的检查流程。整套流程分为工作框架及具体实施步骤,其中工作框架主要用于制定决策和方案,而具体实施步骤主要用于指导现场具体操作。检查技术流程图如图4.8所示。

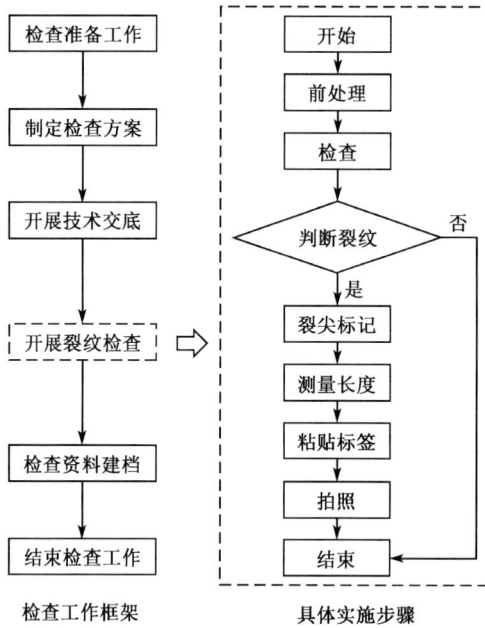

检查工作框架　　　　　具体实施步骤

图4.8　检查技术流程

（1）检查工作框架说明

①制定检查方案：根据以往的裂纹检查记录、发展规律及成本预算，初步确定裂纹的检查方案，包含检查手段、检查周期、检查内容及记录方式等。

②开展技术交底：与管理单位养护大队及检测单位进行技术交流，对检查过程中的注意事项、关键流程、记录方式、人员安全等进行详细的沟通，确保现场多单位协同性。

③检查资料建档：检查工作结束后，建立相应的检查档案，包含裂纹位置、扩展情况及照片等；并录入建立了钢箱梁养护记录档案。

（2）具体实施步骤流程说明

①前处理：开展特定检查技术而进行的前期准备工作，如局部的打磨、清洗、喷刷等。

②检查：根据检查或检测技术，依据实施规范或相关手册中的具体的操作流程进行。

③裂尖标记：对裂纹尖端进行标记，为跟踪和判断裂纹的扩展情况、发展速率以及裂纹的维修工作提供参考。

④测量长度：对于接近直线形状的裂纹可直接测量两个裂纹尖端的距离，对于扩展弧度较大的裂纹，建议用折线或曲线近似描述裂纹长度，并测量对应的长度值。由于钢箱梁内测量误差较大，为保证裂纹长度测量精度，建议测量结果精确到5mm。

⑤粘贴标签：在标签纸上记录对应裂纹的编码、长度和检测时间等信息，并粘贴在裂纹周围。

⑥拍照存档：记录裂纹的具体特征，照片要求反映出裂纹尖端及相应的裂纹信息（即标签）。标准的照片内容如图4.9所示。

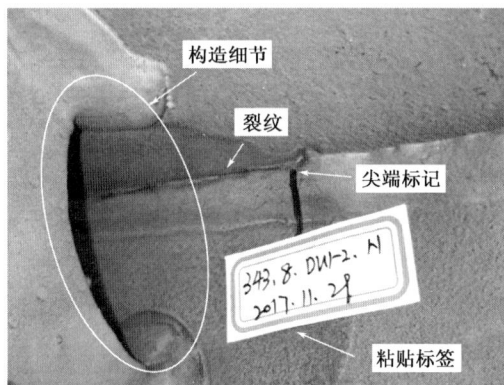

图4.9 标准的检查记录照片内容

3）建立检查记录表

检查过程中将裂纹信息通过照片的方式进行记录的同时,还应及时将疲劳裂纹相关信息记录在对应的检查表中,双重保障信息的准确性,便于检查结束后的裂纹信息统计和分析。推荐的裂纹检查记录表如表4.4所示。

裂纹检查记录表 表4.4

检查时间： 年 月 日

序号	横隔板号	U肋号	位置	总长度（mm）	裂纹与水平线夹角（°）	备注
1	97	-6	DU-2	60	0	示例
2	229	+8	DU-1	80	45	示例
3						
4						
5						
6						
7						
⋮						
n						

注:1. 用U肋的正负号表示上下游。
  2. 位置记录方式按照标准编码。
  3. 角度为裂纹扩展方向与水平线的夹角,向上扩展为正,向下扩展为负。

4）检查结果的录入和管理

利用"江阴大桥全景可视化数字桥梁养护信息系统",将检查结果按照规定格式录入系统中,由管理系统对检查结果进行统计和分析,并生成对应结果报告。

4.3.2 焊缝裂纹维修流程

1）维修记录流程

图4.10给出了钢箱梁疲劳裂纹维修的实施流程。整套流程分为维修工作框架、具体实施

步骤及技术操作流程三个部分。

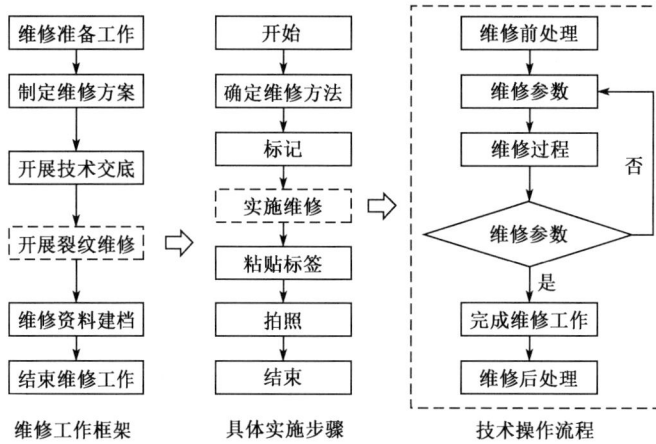

维修工作框架	具体实施步骤	技术操作流程
维修准备工作	开始	维修前处理
制定维修方案	确定维修方法	维修参数
开展技术交底	标记	维修过程
开展裂纹维修	实施维修	维修参数(否)
维修资料建档	粘贴标签	是→完成维修工作
结束维修工作	拍照	维修后处理
	结束	

图 4.10　维修实施流程

（1）维修工作框架说明

①制定维修方案:根据检查记录和裂纹信息,综合考虑现有的钢箱梁疲劳裂纹维修技术,制定疲劳裂纹维修方案及具体维修参数。

②开展技术交底:与管理单位养护大队、维修单位进行技术交流,对维修过程中的维修技术、维修参数、关键流程、维修前后处理、人员安全等进行详细的沟通,确保现场多单位协同性。

③维修资料建档:维修工作结束后,建立裂纹维修档案,包含裂纹维修的方法、参数等,便于裂纹跟踪观测及维修效果评估的调档。

（2）具体实施步骤流程说明

①确定维修方法:根据维修工作框架中确定针对性的裂纹维修方法,开展维修工作。

②标记:在维修前,用马克笔在裂纹范围内标记出有效的维修范围,如钻孔的位置、气动冲击的范围等,方便维修过程中的定位。

③粘贴标签:在标签纸上记录对应裂纹的编码、长度和维修时间等信息,并粘贴在裂纹旁边。

④拍照记录:记录维修的方法、维修后裂纹的形态,呈现相应维修参数等,便于档案的管理和信息的查阅。

（3）技术操作流程说明

①维修前处理:指采用特定维修技术前对开裂部位表面的处理,如清洗、打磨、定位、划线等。

②维修后处理:指维修后,对维修部位的进一步处理,如锤击、局部打磨、细节优化、补漆防腐、孔洞填充等。

2）建立维修记录表

规范化疲劳裂纹维修记录表见表4.5。

裂纹维修记录表   表4.5

检查时间： 年 月 日

序号	横隔板	U肋	位置	方法	长 度		参 数		情况	备注
					北侧	南侧	北侧	南侧		
1	190	−12	DU-1*	钻孔	30	40	φ12，6	φ10，10		示例
2	370	+7	DU-1	气动冲击	20	25	2×2，45Hz			示例
3	226	−7	DU-1	补焊	50	60	E4315，180A			示例
4										
5										
6										
7										
8										
9										
10										
⋮										
n										

不同方法维修参数记录方式如下：

（1）止裂孔

主要参数：打孔直径、打孔位置。

记录方式：直径，孔位。

示例1："φ12，12"，表示孔径为12mm，孔位距裂纹尖端12mm位置。

（2）补焊

主要参数：焊条类型、焊接电流。

记录方式：焊条类型，电流大小。

示例1："E4315，180A"，表示焊条类型为E4315，焊接电流为180A。

（3）气动冲击

主要参数：冲击头尺寸、冲击频率。

记录方式：冲击头尺寸，频率大小。

示例1："2×2，45Hz"，表示冲击头尺寸为2×2，冲击频率为45Hz。

4.3.3 现场跟踪工作流程

服役阶段，大跨径钢箱梁桥的疲劳损伤过程的影响因素复杂，室内疲劳试验难以准确反映现场复杂环境，对于技术实施效果的评价相对单一。因此，结合现场开展裂纹维修后扩展规律的长期跟踪工作，评价维修技术的现场实用性和效果有着一定的积极意义。

跟踪的目的：对裂纹扩展情况开展持续跟踪，统计裂纹扩展规律；对维修方法进行评估，如钻孔止裂、气动冲击、裂纹焊合等技术的现场适用性及实施效果；根据维修效果进行维修参数与技术优化。

跟踪的内容：裂纹的扩展方向、扩展长度等特征；维修裂纹的扩展情况，如气动冲击维修后的裂纹是否张开或扩展，钻孔止裂维修后的裂纹是否锈蚀或扩展，并对其扩展情况进行预测。

跟踪的时间:裂纹跟踪周期为4年,跟踪频率为1次/(1～2)月,具体跟踪时间和次数根据天气情况会适当地调整。

跟踪的方法:采用人工目视法对维修后的疲劳裂纹进行跟踪观测,并粘贴含裂纹信息的标签,拍照记录,建立跟踪档案。

1)跟踪记录流程

图4.11给出了钢箱梁内疲劳裂纹跟踪工作的实施流程。整套流程分为跟踪工作框架和具体实施步骤两个部分。

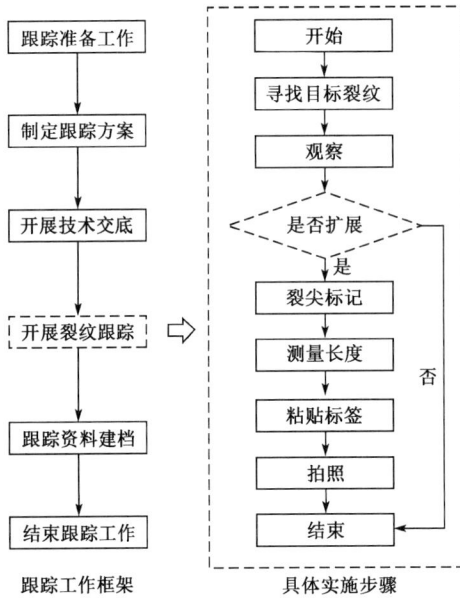

图4.11 跟踪实施流程

(1)跟踪工作框架说明

①制定跟踪方案:根据跟踪目的,有针对性地选择跟踪对象,制定合理有效的现场跟踪方案。

②开展技术交底:与管理单位养护大队、跟踪人员进行技术交流,对跟踪过程中的注意事项、关键流程、记录方式、人员安全等事项进行详细的沟通。

③跟踪资料建档:跟踪工作结束后,建立跟踪档案,包含裂纹的扩展情况、开裂部位的腐蚀情况以及裂纹的位置信息。

(2)具体实施步骤流程说明

①观察:裂纹的跟踪观察主要采用人工观测法。

②裂尖标记:对裂纹尖端进行标记,为跟踪和判断裂纹的继续扩展情况提供参考点。

③测量长度:对于接近直线形状的裂纹,可直接测量两个裂纹尖端的距离,对于扩展弧度较大的裂纹,建议用折线或曲线近似描述裂纹的长度,并测量对应的长度值。由于钢箱梁内测量误差较大,为保证裂纹长度测量精度,建议测量结果精确到5mm。

④粘贴标签:在标签纸上记录对应裂纹的编码、长度和检测时间等信息,并粘贴在裂纹周围。

⑤拍照:记录裂纹的具体特征,照片要求反映出裂纹尖端及相应的裂纹信息(即标签)。

2) 建立跟踪记录表

规范化疲劳裂纹跟踪记录表如表4.6所示。

裂纹跟踪记录表

表4.6

跟踪时间: 年 月 日

序 号	横隔板	U 肋	位 置	方 法	上次情况	本 次 情 况		备 注
						北侧	南侧	
1	170	−8	DU-2	钻孔	未扩展	未扩展	扩展2m	示例1
2	223	+5	DU-2*	气动冲击	未扩展	略张开	未扩展	示例2
3								
4								
5								
6								
7								
⋮								
n								

注:其中,裂纹扩展情况及长度,由于现场测量存在较大误差,因此以明显观察到裂纹扩展作为判断的依据,长度的测量精确到5mm。

4.4 裂纹维修技术优化

4.4.1 钻孔止裂技术

1) 钻孔止裂参数

为实现精细化钻孔需求,针对钻孔止裂技术,围绕钻孔直径、钻孔位置,开展了深入的研究,如图4.12所示。结合实际工作环境,提出适用于实桥维修的钻孔参数。考虑到裂纹扩展方向的不确定性,统一采用$0.5D$作为打孔位置。不同孔径对应力集中效果的缓解作用如图4.13所示。总体来说,随着钻孔孔径的增大,缓解应力集中的效果越好,而较大止裂孔也会对截面产生较大的削弱。

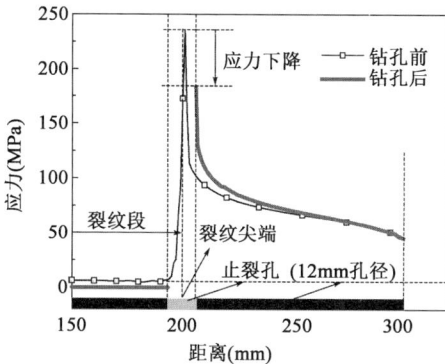

图4.12 止裂孔降低应力集中效果

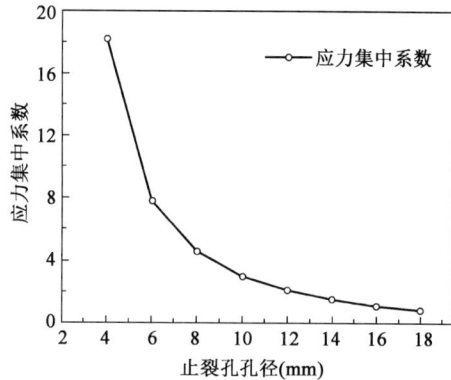

图4.13 孔径对应力集中的缓解作用

根据实桥维修经验与科学理论研究,结合多次钻孔止裂效果跟踪结果,对实桥裂纹维修钻孔止裂参数进行了调整与优化,制定了适用于实桥裂纹维修的钻孔止裂参数。

钻孔孔径:在原有钻孔止裂参数基础上,增大钻孔孔径至 10mm 或 12mm,分别用 $\phi 10$ 和 $\phi 12$ 表示。

钻孔孔位:若裂纹尖端可以与止裂孔相交,则孔位确定为 $0.5D$(即裂纹尖端恰好与止裂孔边缘相交),若受到裂纹位置限制,裂纹尖端无法与止裂孔相交,止裂孔可位于裂纹尖端前方一定安全距离内。

钻孔方向:对于顶板与 U 肋焊缝裂纹,止裂孔轴线平行于顶板,止裂孔贯穿钢板;其他平板构件裂纹,止裂孔轴线垂直于平板。

注意事项:钻孔过程中严格禁止止裂孔削弱顶板,实桥钻孔如图 4.14 所示。

a)优化前　　　　　　　　　　　　　　　b)优化后

图 4.14　优化钻孔参数

2)优化钻孔方案

通过前期钻孔止裂维修操作及其跟踪效果评价,发现原有钻孔止裂技术中存在不足且维修效果不理想的现象,如延长疲劳寿命效果较差、钻孔的具体操作流程及注意事项较为模糊以及缺少针对不同类型裂纹的相应钻孔方案。因此考虑到实桥操作精度与环境限制的影响,对原钻孔止裂技术进行优化。优化后的钻孔止裂技术遵循以下原则:

①严格要求不削弱顶板。

②尽量选择焊缝位置钻孔,减少母材的削弱。

③钻孔质量达标,避免出现打偏、打错等现象。

④确保裂纹能够与止裂孔相交。

⑤钻孔信息记录全面,便于管理。

遵循以上原则,对钻孔止裂技术的参数、方案、设备及操作流程进行优化,并制定了针对不同细节疲劳裂纹的维修方案。

江阴大桥裂纹多为顶板与 U 肋焊缝疲劳裂纹,裂纹位于焊缝位置,裂纹形状及扩展机制较复杂,其他位置也存在少量裂纹,如横隔板弧形缺口裂纹、U 肋嵌补段裂纹等。

针对不同构造细节疲劳裂纹的钻孔方案如下:

(1)顶板与 U 肋焊缝裂纹

顶板与 U 肋裂纹开裂位置构造复杂,且裂纹扩展机制尚不明确。当裂纹较长时,裂纹会沿着 U 肋向下扩展。根据裂纹尖端位置,将顶板与 U 肋裂纹分为三个阶段:裂纹尖端分别位于顶板、焊缝与 U 肋。针对不同裂纹扩展阶段制定了不同的钻孔方案。

①第一阶段。

裂纹尖端紧贴焊缝焊趾扩展,长度一般较短,扩展方向不稳定。采用钻孔止裂的方法维修时,受到钢箱梁内部构造及钻孔位置的限制,止裂孔轴线方向可能无法与顶板平行,造成顶板损伤。对此类裂纹建议采用不维修处理的方法,并在后续跟踪中密切观测。钻孔方案如图 4.15 所示。

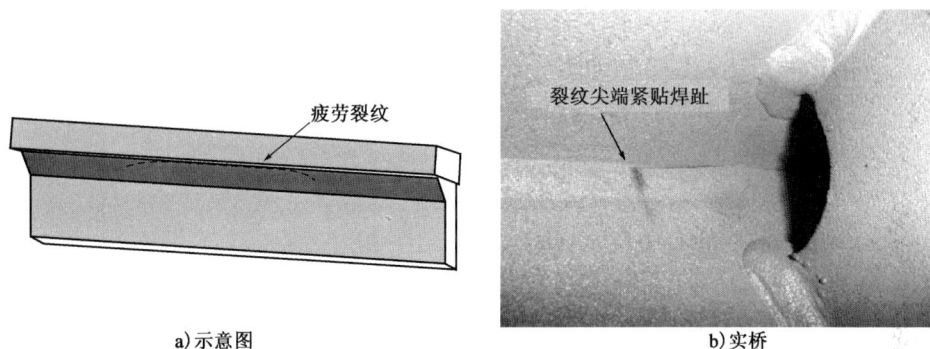

a)示意图　　　　　　　　　　　　　　b)实桥

图 4.15　优化后第一阶段钻孔方案

②第二阶段。

裂纹尖端位置大致位于焊缝高度内,并出现向下扩展的趋势,尚未扩展到 U 肋。钻孔维修需将裂纹控制在焊缝内,并进行密切跟踪,一旦发现扩展,及时采取进一步维修措施(补焊),减少对 U 肋母材的削弱。钻孔方案如图 4.16 所示。

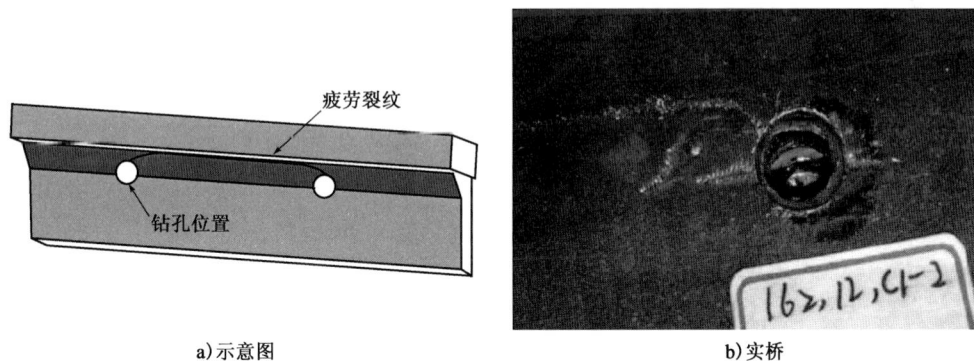

a)示意图　　　　　　　　　　　　　　b)实桥

图 4.16　优化后第二阶段钻孔方案

③第三阶段。

裂纹尖端位置大致位于 U 肋,沿斜下方扩展,裂纹长度一般较长。钻孔后对裂纹开展紧密的后续跟踪,观察裂纹扩展情况,若裂纹停止扩展则暂不处理,若裂纹继续扩展则刨除裂纹重新焊接。钻孔方案如图 4.17 所示。

(2)其他位置裂纹

其他位置裂纹主要分布在横隔板弧形缺口、U 肋对接焊缝、横隔板 U 肋焊缝等构造细节,裂纹数量较少。对此类裂纹进行钻孔止裂维修时,钻孔方向垂直于钢板表面,如图4.18所示。

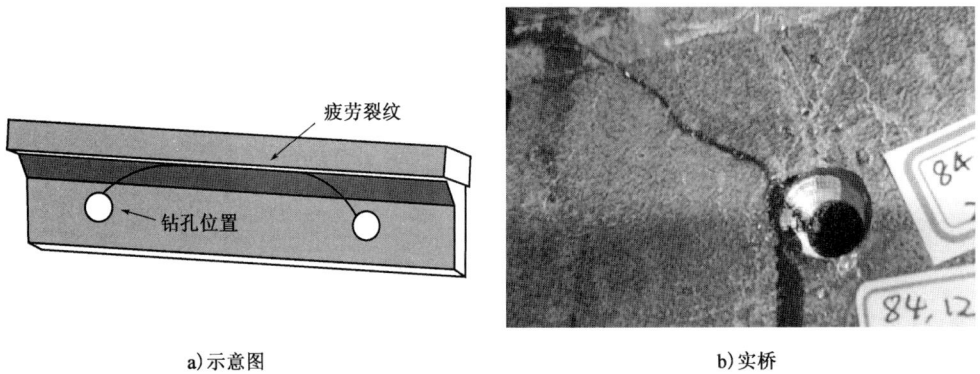

a)示意图　　　　　　　　　　　b)实桥

图4.17　优化后第三阶段钻孔方案

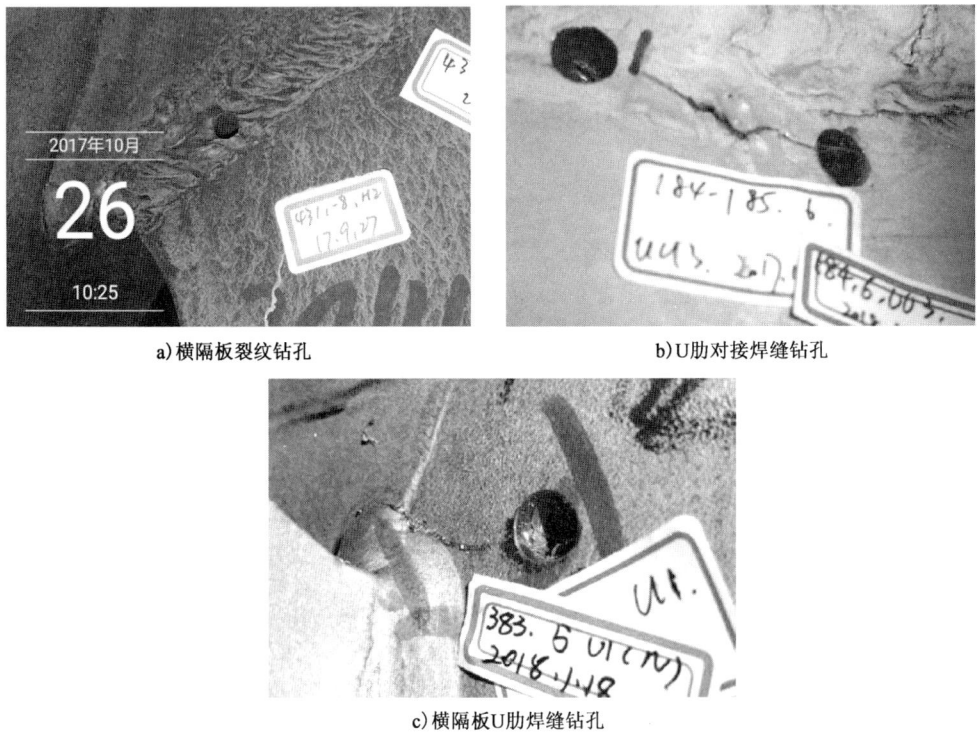

a)横隔板裂纹钻孔　　　　　　　　　b)U肋对接焊缝钻孔

c)横隔板U肋焊缝钻孔

图4.18　其他位置裂纹钻孔维修

3)钻孔设备

考虑到实桥钻孔维修中,因操作空间狭窄,原有钻头长度过长,止裂孔无法满足维修方案中的直径与角度要求。因此对维修钻头进行优化,将钻头长度缩短,增大钻孔维修时的可操作性空间,如图4.19所示。

4)操作流程

实桥钻孔时,应按照标准化流程进行操作,打孔前先标记出裂纹尖端和止裂孔中心位置。考虑到仰视进行钻孔操作,钻头可能发生不稳定偏移,应先用小直径的钻头打"定位孔",然后再用方案中规定直径的钻头进行钻孔,直至贯穿钢板。标准的钻孔操作流程如图4.20所示。

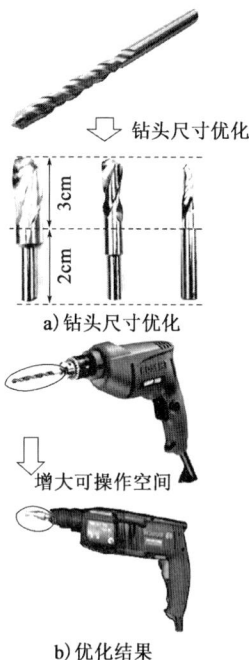

图4.19 优化钻孔设备

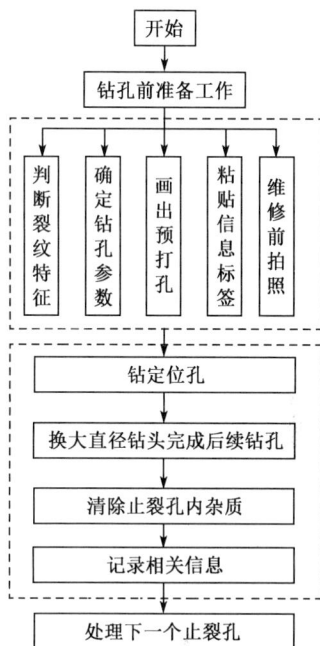

图4.20 钻孔实施流程

4.4.2 裂纹补焊技术

对于长度较长或钻孔止裂后再次扩展的裂纹,采用补焊技术进行处理。根据裂纹萌生位置的不同,可采用不同的补焊措施。

(1)U肋内部萌生的焊根裂纹:要求刨除至焊根部位,保证原始病害完全去除后再进行补焊处理。

(2)U肋外部萌生的焊趾裂纹:以"全刨除焊缝补焊"为最优操作措施,在构造及操作受限的情况下允许仅刨除焊缝表面裂纹病害。

(3)平板构件裂纹:要求裂纹部位完全刨除,保证原始病害完全去除后再进行补焊处理。

由于钢箱梁操作空间狭窄、环境复杂、重车通过时梁体发生振动,且现场补焊通常采用仰焊操作,焊接质量难以保证。补焊质量较差的焊缝存在明显的焊瘤、夹杂等现象,造成新的应力集中,导致疲劳损伤的再次发生,如图4.21所示。为了避免焊后形状不规则导致的应力集中,提出了裂纹补焊技术原则,并在原有补焊操作基础上增加了补焊前后的打磨工作。

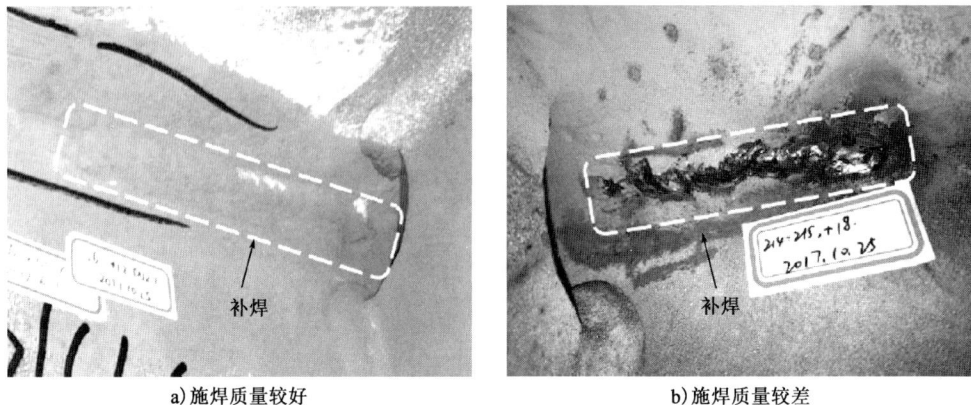

a)施焊质量较好   b)施焊质量较差

图4.21 实桥补焊情况

优化后的裂纹补焊技术遵循以下原则:

(1)严格检查补焊缺陷部位,保证病害位置部位完全去除。

(2)坡口处保持光洁,如有杂质缺陷,不清理干净禁止补焊。

(3)补焊后应仔细检查,防止漏焊。

(4)保证补焊后质量,避免焊瘤、夹渣及焊接裂纹等缺陷。

遵循以上原则,对补焊操作流程进行优化,主要内容为补焊前后的打磨工作。

补焊前打磨:补焊操作前打磨去除裂纹两侧80mm以上范围内板面污物及涂层至露出洁净的金属面及准确的裂纹尖端位置。

补焊后打磨:补焊操作后对不良的补焊质量进行打磨处理,去除焊瘤等缺陷,使焊缝表面圆滑过渡,经补焊的焊接表面应打磨至与相邻母材金属或焊缝表面相齐平,或者以稍微加强的方式完成最后打磨,平滑地与相邻表面转接。

补焊操作应要求第三方检修技术人员严格按照标准流程与要求执行。同时实行补焊责任制度,以加强检修人员的责任心、提高检修质量。

4.5 气动冲击维修新技术的应用

4.5.1 气动冲击维修技术原理

气动冲击维修技术是一种疲劳裂纹微损或无损维修技术。通过气动工具的高速冲击,使裂纹开口附近的表层金属产生塑性变形,形成裂纹闭合。同时,在裂纹尖端进行冲击,引入残余压应力,改善裂纹尖端的局部受力状态。在两方面的共同作用下,能够显著延缓疲劳裂纹的进一步扩展。

气动冲击的操作设备主要包括空气压缩装置及气动工具,如图4.22所示。因为气动冲击技术属于表面强化技术,仅在近表层范围内进行,因此相比于现有的钻孔止裂技术及补焊技术,气动冲击维修技术对结构造成损伤可以忽略不计。同时,气动冲击维修技术所需的设备便携、操作方便,气动工具小巧轻便,能够较好地适应钢箱梁复杂的构造细节和实桥的操作环境,能够对已开裂部位的裂纹进行处理,维修成本低,技术竞争力强。

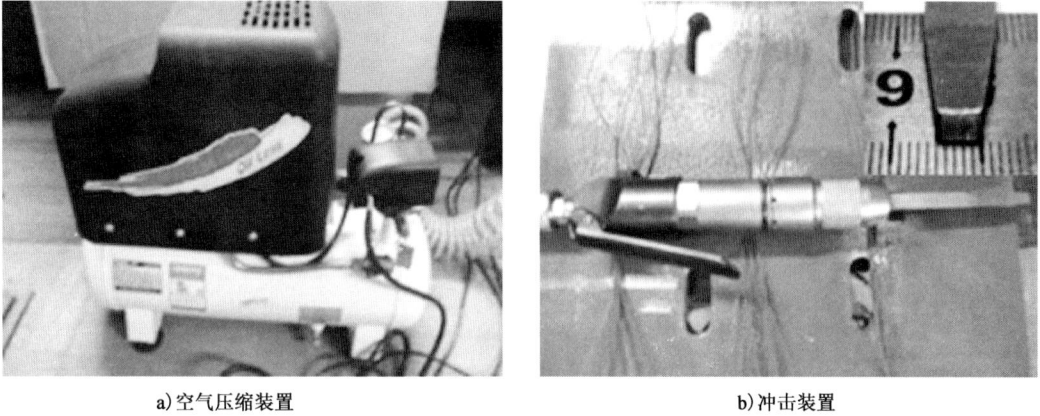

a) 空气压缩装置　　　　　　　　　　　　　　　　b) 冲击装置

图4.22　气动冲击维修设备

4.5.2　气动冲击维修技术试验研究

基于气动冲击技术,针对钢桥面板典型构造细节开展了疲劳裂纹的维修及加载试验,得到了顶板与U肋构造细节疲劳裂纹的扩展规律、截面性能的变化情况,评估了气动冲击技术在不同顶板焊缝构造细节的实施效果及适用性。

1) 截面受力性能及试件疲劳强度

对比了气动冲击维修前后,疲劳裂纹的萌生寿命,如图4.23所示。从图中可以看出,对于气动冲击维修后的裂纹,其萌生寿命得到了大幅的提高,并且大部分构件在加载到600万次时均未出现继续扩展,说明气动冲击技术对于提高疲劳裂纹的剩余寿命具有显著的效果。

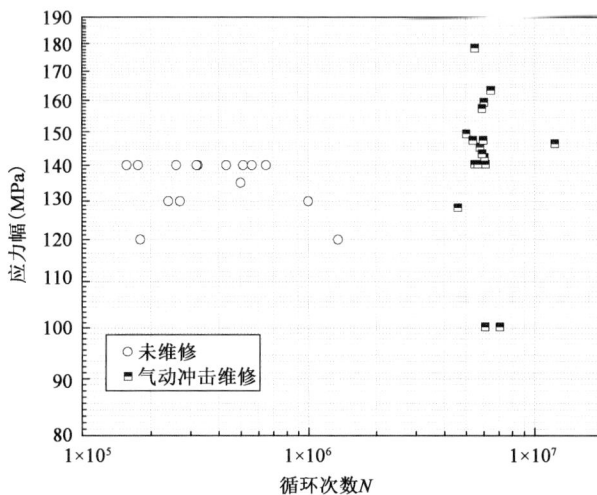

图4.23　气动冲击维修前后的疲劳强度对比

对气动冲击维修前后裂纹开口表面的应力幅进行测量分析,得到如图 4.24 所示的应力幅对比图。从图中可以看出,对于含有裂纹的试件而言,该位置应力幅均很小,说明构件表面开裂后难以继续承受外荷载,截面的承载力得到了大幅削弱。而气动冲击维修后裂纹开口表面附近的应力得到了大幅提高,产生了较为明显的重分布。说明气动冲击维修后,该部位的表面能够重新承受荷载,即截面的承载能力得到了一定恢复。因此,气动冲击在大幅延缓裂纹扩展的基础上,也能够进一步改善已开裂部位的表面受力条件,恢复构件的部分受力性能。

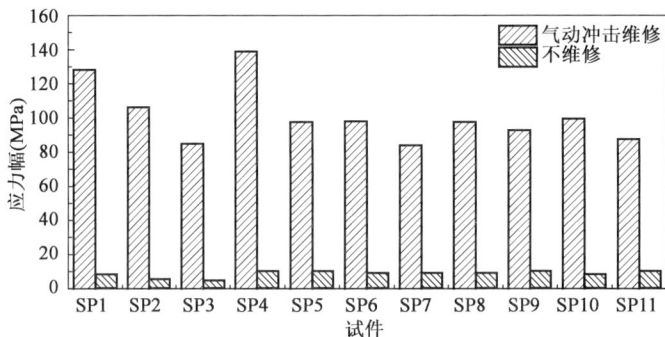

图 4.24　气动冲击维修前后应力幅对比

2)顶板与 U 肋构造细节维修试验

考虑江阴大桥疲劳裂纹的主要类型,以顶板与 U 肋构造细节为研究对象,针对焊趾和焊根裂纹开展了相关的试验研究,得到了气动冲击维修前后疲劳裂纹的扩展规律,如图 4.25 所示。从图中可以看出,试件在经过气动冲击维修后,原裂纹扩展曲线存在明显转折点,维修后原裂纹的扩展速率远小于维修前的扩展速率,裂纹的扩展产生迟滞效应。随着裂纹继续扩展,裂尖逐渐远离冲击覆盖区域,扩展速率又进一步增大。说明经过气动冲击维修后,裂纹处于冲击覆盖区域内时,能够显著延缓裂纹的扩展速率,提高剩余疲劳寿命。

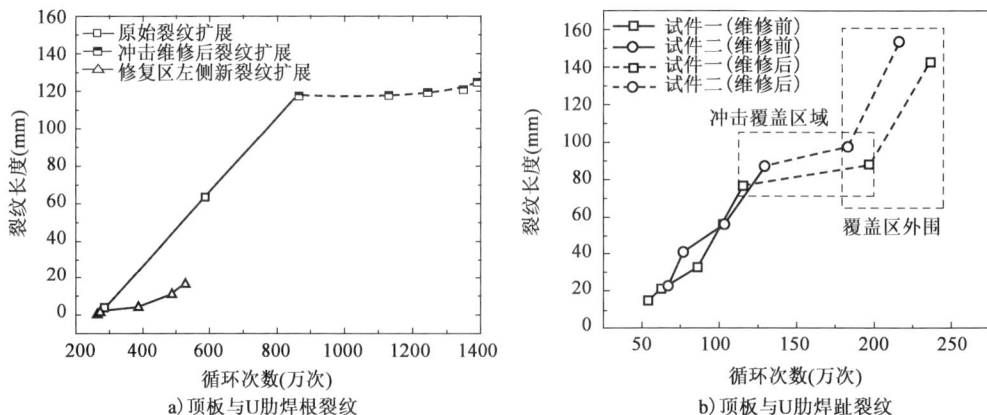

a)顶板与U肋焊根裂纹　　　　b)顶板与U肋焊趾裂纹

图 4.25　顶板与 U 肋试件试验结果

4.5.3 气动冲击维修技术现场应用

2017 年 3 月,结合气动冲击技术原理及试验研究,开展了现场气动冲击维修示范应用及后续跟踪评价工作。

1）气动冲击维修辅助设备

除了气动冲击设备外,还携带了相机、钢尺等其他辅助工具,方便现场实施以及标记和记录,具体的清单及其用途如表4.7 所示。

其他辅助工具清单　　　　　　　　　　　　　　　　　　表 4.7

名　称	用　途
相机	分别对维修前后的裂纹进行拍照
钢尺	测量维修前原始裂纹的长度
头灯	为气动冲击维修过程提供全程照明
马克笔	标注现场原始裂纹尖端部位
标签纸	按横隔板、U 肋编号以及上下游编号对裂纹进行标记
写字板	记录对应维修位置的裂纹编号和裂纹长度
钢梯	为气动冲击维修提供平台
耳塞	降低补强过程中噪声对耳朵的影响
护目镜	保护眼睛,免受冲击过程中表面碎屑进入眼睛
口罩	减少灰尘的吸入

2）气动冲击人员配比

以 3 人作为一个气动冲击维修试验组,2 人为专门的维修人员,其中实施人员手持气动工具进行维修工作,候补实施人员手持手电照亮维修部位,并稳住钢梯保证作业人员安全,1 人进行维修点位记录、搬运设备等辅助工作。

3）气动冲击维修实施要点及流程

在气动冲击维修操作过程中,应保证气动工具稳定,防止维修过程中因焊缝表面凹凸不平而产生冲击头打滑,对冲击局部周围的涂层造成损坏。

冲击时冲击头沿裂纹的扩展方向逐渐移动,避免过度冲击以及冲击不足的情况发生,影响维修质量。

冲击完成后,应对被维修部位原裂纹开口的闭合情况进行观察,按一定准则对维修质量进行评价。

在实施过程中对每一条裂纹进行编号和拍照,气动冲击的现场实施整体流程如图 4.26 所示。

4）气动冲击维修现场实施情况

结合气动冲击维修新技术,选取大桥不同部位、不同构造细节的已发生扩展的疲劳裂纹进行现场维修试验,共对 100 多条裂纹进行了处理。气动冲击维修如图 4.27 所示,所实施点位沿全桥的分布较为均匀,在北塔、1/4 跨、1/2 跨、3/4 跨、南塔附近均有分布,如图 4.28 所示。其中,南北塔附近以横隔板弧形缺口处的裂纹为主,1/4 跨、1/2 跨、3/4 跨附近以顶板与 U 肋过焊孔部位的裂纹为主。通过现场实施发现,气动冲击技术现场实施速度保持在 10 ～ 15 min/条,整体维修的速度和效率相对较高。

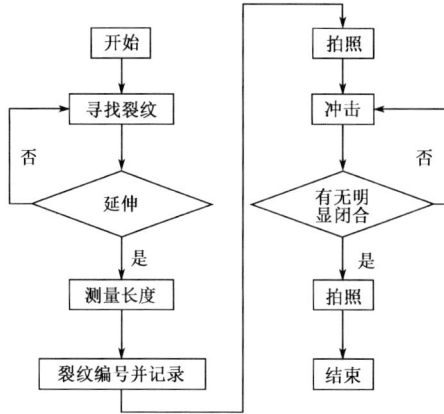

图 4.26　现场气动冲击试验整体流程

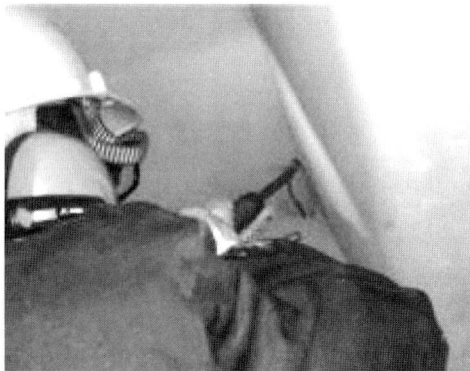

a)维修过程

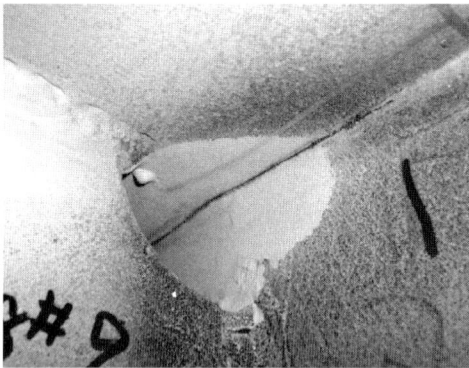

b)维修前

c)维修后

图 4.27　气动冲击维修现场情况

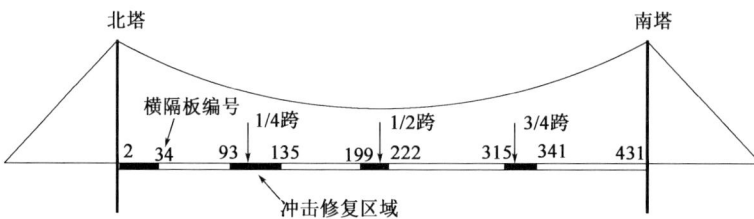

图 4.28　冲击点位分布图

在气动冲击维修实施过程中,考虑了全面覆盖处理、仅裂纹尖端处理、仅裂纹处处理这三种不同的冲击维修方法,其中对于大部分裂纹均开展全面冲击处理,仅选择部分裂纹进行了尖端冲击和裂纹处冲击维修处理。全面维修及裂纹处维修以肉眼观察裂纹开口完全闭合作为维修完成标准,裂纹尖端维修以肉眼观察冲击区发生明显塑性变形作为维修完成标准。三种维修方法示意图及对应的冲击前后现场照片如表4.8和图4.29所示。

不同冲击处理方案 表4.8

序号	冲击处理方法	裂纹覆盖率(%)	塑性区覆盖率(%)
1		>100	>100
2		0	>100
3		≤100	0

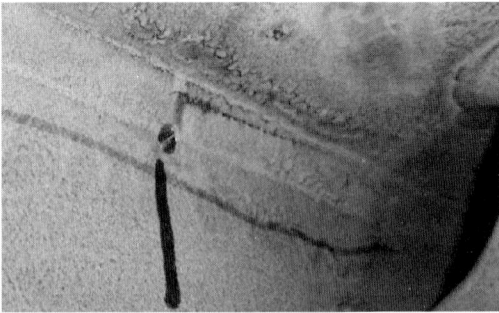
a)全面修复—前

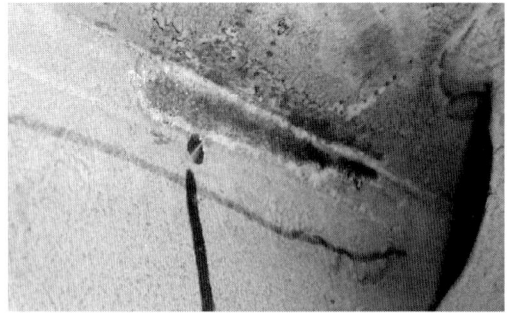
b)全面修复—后

c)尖端修复—前

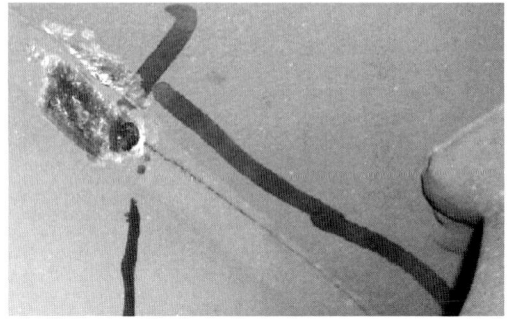
d)尖端修复—后

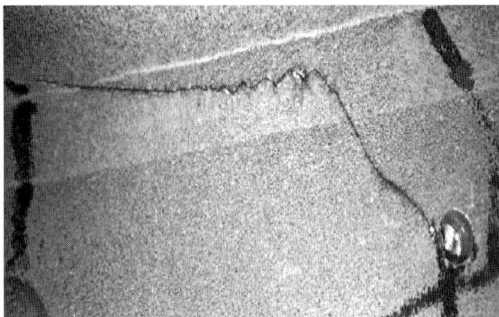
e)裂纹修复—前

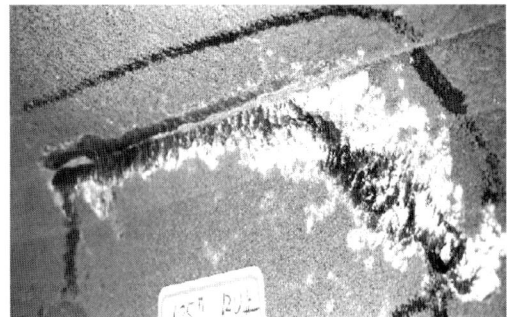
f)裂纹修复—后

图4.29 三种不同冲击修复方法

4.6 疲劳裂纹现场跟踪评估

4.6.1 钻孔止裂技术的跟踪评估

2016 年 11 月、2017 年 6 月和 2017 年 12 月开展了钻孔止裂维修技术的实桥应用。为了评估钻孔止裂优化方案的维修效果,针对每条钻孔维修后的裂纹开展了持续的跟踪观测,并建立钻孔止裂跟踪档案,如表 4.9 所示。裂纹跟踪的数量共为 130 条,止裂孔的数量共为 237 个,具体如表 4.10 所示。

钻孔止裂跟踪档案(部分)　　　　　　　　　　　　　　表 4.9

序号	横隔板号	U 肋号	位置	方向	维修时间	维修参数	表面裂纹尖端位置与止裂孔的关系	2017 年 6 月钻孔初始状态
1	21	5	DU-1	N		ϕ12, 6	相交	2
2	21	5	DU-1	S		ϕ12, 6	相交	2
3	68	−6	DU-1*	S		ϕ12, 6	U 肋钻孔相交	1
4	74	12	DU-2*	N		ϕ12, 6	U 肋钻孔相交	1
5	77	8	DU-1	N		ϕ10, 10	距离 15mm	2
6	77	8	DU-1	S		ϕ10, 10	相交	1
7	84	12	DU-2*	N		ϕ12, 6	U 肋钻孔	1
8	84	12	DU-2*	S		ϕ12, 6	U 肋钻孔	1
9	92	−15	DU-2	N		ϕ10, 10	相交	1
10	92	−15	DU-2	S		ϕ10, 10	相切	0
11	100	−6	DU-1*	N	2017 年 6 月	ϕ12, 6	U 肋钻孔	0
12	100	−6	DU-1*	S		ϕ12, 6	U 肋钻孔	1
13	102	−6	DU-2	N		ϕ12, 7	相交	0
14	136	−6	DU-1*	N		ϕ12, 6	U 肋钻孔相交	1
15	136	−6	DU-1*	S		ϕ10, 10	相交	1
16	140	8	DU-1	N		ϕ10, 10	相交	0
17	140	8	DU-1	S		ϕ10, 10	相交	0
18	144	12	DU-2*	N		ϕ12, 6	U 肋钻孔相交	1
19	144	12	DU-2*	S		ϕ10, 10	10mm	0
20	152	−6	DU-2	N		ϕ10, 10	相切	0
21	152	−6	DU-2	S		ϕ10, 10	15mm	0
22	159	−8	DU-2	N		ϕ10, 10	未去除尖端	0
23	159	−8	DU-2	S		ϕ10, 10	相交	1

序号	横隔板号	U肋号	位置	方向	维修时间	维修参数	表面裂纹尖端位置与止裂孔的关系	2017年6月钻孔初始状态
24	162	11	DU-1	N		$\phi 10$, 10	15mm	0
25	162	11	DU-1	S		$\phi 10$, 10	15mm	0
26	170	−8	DU-2	N	2017年6月	$\phi 10$, 10	相交	0
27	170	−8	DU-2	S		$\phi 10$, 10	相交	1
28	171	12	DU-1 *	N		$\phi 12$, 6	相交	1
29	171	12	DU-1 *	S		$\phi 12$, 6	15mm	0
30	171	−12	DU-1	N		$\phi 10$, 10	位于孔上方	0

止裂孔跟踪概况 表4.10

钻孔时间	2016年11月	2017年6月	2017年12月
裂纹数量（含扩展裂纹）	14	44	72
跟踪数量	28	84	125
钻孔参数	孔径8mm,孔位0D~1.0D	参照4.4.1节	参照4.4.1节
跟踪目的	对比不同打孔位置的止裂效果	验证新维修方案的有效性	验证优化后维修方案的有效性
效果对比	钻孔1年后,9条裂纹发生明显扩展	钻孔半年,6个止裂孔发生再次开裂	钻孔时间较短,需进行后续跟踪
跟踪结论	8mm孔径较小,维修效果不理想,建议增大止裂孔孔径	钻孔效果较好,仍需进行后续跟踪	需进行后续跟踪

由于维修效果跟踪人员不定,为确保跟踪效果不受人为因素影响,在疲劳损伤跟踪工作框架的基础上,制定了钻孔止裂标准化跟踪流程,如图4.30所示,跟踪人员必须严格遵守该流程,保证钻孔止裂的跟踪评估效果。

1)2016年11月,钻孔维修跟踪评估

2016年11月,对14条裂纹进行维修,共计钻孔数量28个,维修裂纹全部为顶板与U肋裂纹。截至2018年1月,共进行了10次跟踪评估。14条裂纹中共9条裂纹发生再次开裂,维修效果不理想,选取部分止裂孔跟踪照片,如表4.11所示。

2016年11月钻孔维修,因止裂孔孔径过小,延缓裂纹再次扩展的效果不理想,因此在后续钻孔维修方案中对止裂孔孔径进行优化。此外,本次钻孔样本数量太少,无法得到合理的止裂孔孔位结论,且实际的止裂孔位置受真实的裂纹尖端位置的影响较大,因此确定真实裂纹尖端位置的合理止裂孔孔位是接下来工作的重点。

2)2017年6月,钻孔维修跟踪评估

2017年6月,对44条裂纹(包括维修后发生二次扩展的裂纹)进行维修,共计钻孔数量84个。截至2018年1月,共进行了5次跟踪评估。84个止裂孔中6个止裂孔发生再次开裂,控制裂纹扩展的效果较好,部分止裂孔跟踪照片如表4.12所示。

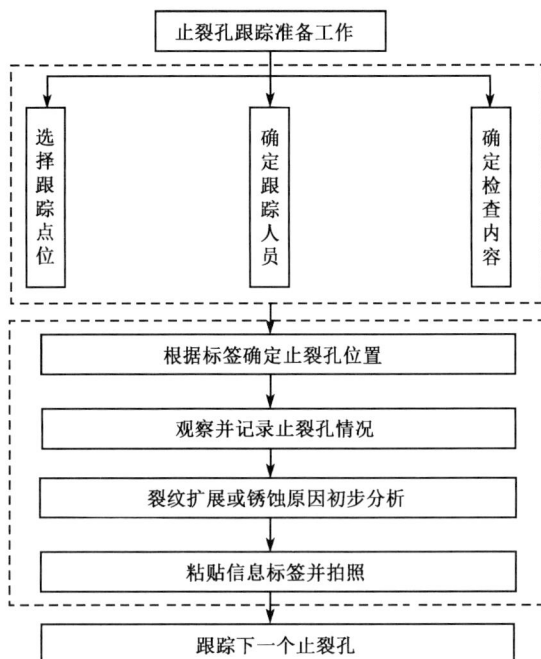

```
                    ┌─────────────────┐
                    │  止裂孔跟踪准备工作  │
                    └────────┬────────┘
       ┌─────────────────────┼─────────────────────┐
       ▼                     ▼                     ▼
   ┌───────┐             ┌───────┐             ┌───────┐
   │选      │             │确      │             │确      │
   │择      │             │定      │             │定      │
   │跟      │             │跟      │             │检      │
   │踪      │             │踪      │             │查      │
   │点      │             │人      │             │内      │
   │位      │             │员      │             │容      │
   └───────┘             └───────┘             └───────┘
       │
       ▼
   ┌─────────────────────────────────┐
   │      根据标签确定止裂孔位置         │
   └────────────────┬────────────────┘
                    ▼
   ┌─────────────────────────────────┐
   │      观察并记录止裂孔情况           │
   └────────────────┬────────────────┘
                    ▼
   ┌─────────────────────────────────┐
   │     裂纹扩展或锈蚀原因初步分析       │
   └────────────────┬────────────────┘
                    ▼
   ┌─────────────────────────────────┐
   │      粘贴信息标签并拍照             │
   └────────────────┬────────────────┘
                    ▼
   ┌─────────────────────────────────┐
   │       跟踪下一个止裂孔             │
   └─────────────────────────────────┘
```

图4.30　止裂孔跟踪流程

2016年11月钻孔止裂跟踪照片(部分)　　　　　　　表4.11

跟踪时间	91,－9,DU-1	72,8,DU-1	86,－15,DU-2
2016年11月			
2017年1月			
2017年3月			

续上表

跟踪时间	91，−9，DU-1	72，8，DU-1	86，−15，DU-2
2017 年 6 月			
2017 年 10 月			
2018 年 1 月			

2017 年 6 月钻孔止裂跟踪照片(部分)　　　　　　　　　表 4.12

跟踪时间	21，5，DU-1	297，12，DU-2*	310，−8，DU-2
钻孔前			
2017 年 7 月			
2017 年 9 月			

跟踪时间	21, 5, DU-1	297, 12, DU-2*	310, -8, DU-2
2017 年 10 月			
2017 年 11 月			
2018 年 1 月			

2017 年 6 月钻孔维修中采用了新的维修方案,增大止裂孔孔径,并对不同类型的裂纹采用针对性的钻孔方案,维修半年后仅 6 个止裂孔发生再次开裂,均为顶板与 U 肋裂纹,采用钻孔维修的平板构件裂纹均未发生扩展,止裂孔控制平板构件表面裂纹扩展的效果较好。总体来看,优化后的钻孔方案止裂效果得到了明显提升,止裂孔有效地延缓了裂纹扩展,增加了构件的剩余寿命。

3)2017 年 12 月,钻孔维修跟踪评估

2017 年 12 月,对 72 条裂纹(包括维修后发生二次扩展的裂纹)进行维修,共计钻孔数量 125 个,截至 2018 年 1 月共进行了 1 次跟踪评估,部分钻孔跟踪照片如表 4.13 所示。本次维修中,避免钻孔导致顶板母材削弱,建议对裂纹尖端紧贴焊趾的裂纹不进行处理,在后续跟踪工作中进行密切观测。本次钻孔维修 1 个月后未发生裂纹扩展,钻孔效果需后续持续跟踪后进行评价。

4.6.2 气动冲击维修技术的跟踪评估

考虑江阴大桥疲劳裂纹的平均扩展时间,拟针对气动冲击维修技术开展为期 3~4 年的跟踪观察。截至目前,对气动冲击现场试验共开展了 5 次维修效果跟踪,跟踪过程中严格按照 4.4.3 节中跟踪工作框架执行。

对每次跟踪结果进行记录并逐一对比,具体结果见表 4.14。其中,裂纹张开即在原有冲击闭合的部位重新开裂,裂纹扩展即在冲击闭合后裂纹重新张开且进一步扩展。图 4.31 为裂纹张开及扩展标准图例。图 4.32 为部分裂纹的跟踪情况。表 4.15 为已进行气动冲击维修裂纹的跟踪记录表。随着 2018 年跟踪工作的不断进行,相关的数据将不断补充和完善。

2017 年 12 月钻孔止裂跟踪照片(部分) 表4.13

跟踪时间	197，8，DU-1	230，-6，DU-1	383，5，U-1
2017 年 12 月			
2018 年 1 月			

维修效果跟踪结果(新增) 表4.14

跟 踪 日 期	裂纹张开(条)	裂纹扩展(条)
2017 年 6 月 1 日—6 月 2 日	10	0
2017 年 9 月 26 日—9 月 28 日	2	6
2017 年 10 月 26 日—10 月 28 日	2	2
2017 年 11 月 28 日—11 月 30 日	4	4
2018 年 1 月 16 日—1 月 18 日	9	1

气动冲击维修记录表(部分) 表4.15

序号	横隔板	U 肋	位置	维修日期	跟踪日期	是否扩展		扩 展 长 度	
						N	S	N	S
1	3	7	Di-2						
2	3	5	Di-2						
3	3	-8	Di-2						
4	3	15	DU-1						
5	4	6	U-1						
6	5	6	U-1						
7	6	9	DU-1	2017 年 3 月 8 日	2018 年 1 月 16 日				
8	6	9	DU-2						
9	9	-12	DU-2						
10	10	5	DU-1			是	是		
11	11	-8	DU-1						
12	12	-8	DU-2						
13	13	-9	DU-1						

序号	横隔板	U肋	位置	维修日期	跟踪日期	是 否 扩 展		扩 展 长 度	
						N	S	N	S
14	14	−12	DU-1	2017年3月8日	2018年1月16日	张开是			
15	15	−6	DU-2						
16	17	−9	DU-2						

 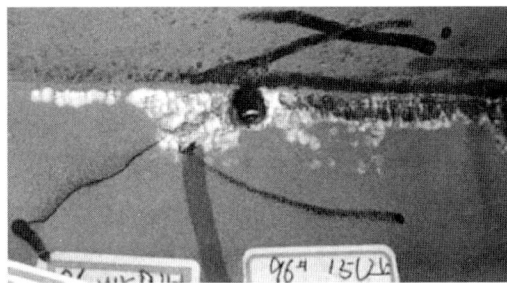

a) 裂纹张开　　　　　　　　　　　　　　b) 裂纹扩展

图4.31　张开及扩展裂纹

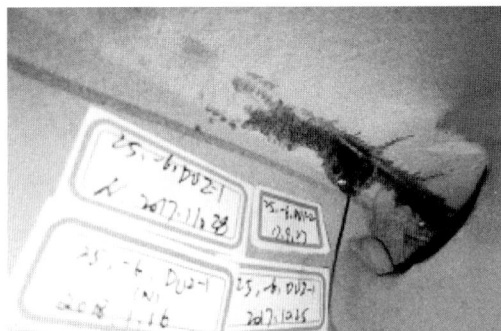 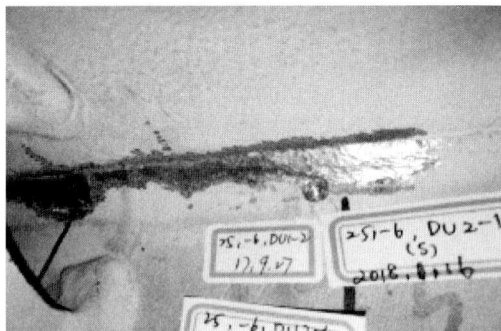

图4.32　气动冲击维修裂纹跟踪情况

截至2018年1月18号,共27条裂纹张开,其中4条裂纹完全张开,23条裂纹部分张开或略微张开,共13条裂纹扩展,最大扩展长度为70mm,开裂及扩展裂纹主要分布在1/4跨至3/4跨之间。

采用冲击裂纹尖端修复方法的裂纹共5条,均无张开或扩展,采用冲击裂纹区域修复方法的裂纹共15条,其中1条张开,8条扩展。由于冲击裂纹区域修复方法的塑性区覆盖率为

0%,且由于裂纹尖端的判断不准确,可能导致冲击裂纹覆盖率小于100%,裂纹尖端依然张开,相关技术细节有待进一步改进。

13条扩展裂纹包括1条横隔板裂纹、12条顶板与U肋焊缝裂纹。由于顶板与U肋焊缝裂纹多起源于焊根,并向焊趾扩展,通常为贯穿裂纹,主裂纹面在U肋内部,而气动冲击无法冲击到裂纹源,因此顶板与U肋焊缝细节处的裂纹在气动冲击修复后易发生扩展。而横隔板裂纹和横隔板与U肋焊缝裂纹为表面裂纹,气动冲击能够有效地使裂纹源闭合,且该细节位置钢板厚度较薄,裂纹深度方向闭合率较高,因此目前为止,气动冲击对横隔板裂纹、横隔板与U肋焊缝裂纹修复效果较好。

总体而言,截至2018年1月18号,96%以上的裂纹未发生扩展,80%以上的裂纹仍保持紧密的闭合状态,气动冲击对延缓裂纹扩展的效果良好。

4.6.3 既有裂纹的损伤发展跟踪

在2017年6月的裂纹维修工作中,保留11条裂纹不采取维修措施,进行跟踪观察,以研究和分析江阴大桥钢箱梁疲劳裂纹的扩展规律。截至目前,分别于7月、9月、10月、11月、1月对该11条不维修裂纹进行了5次连续跟踪。具体跟踪结果见图4.33。

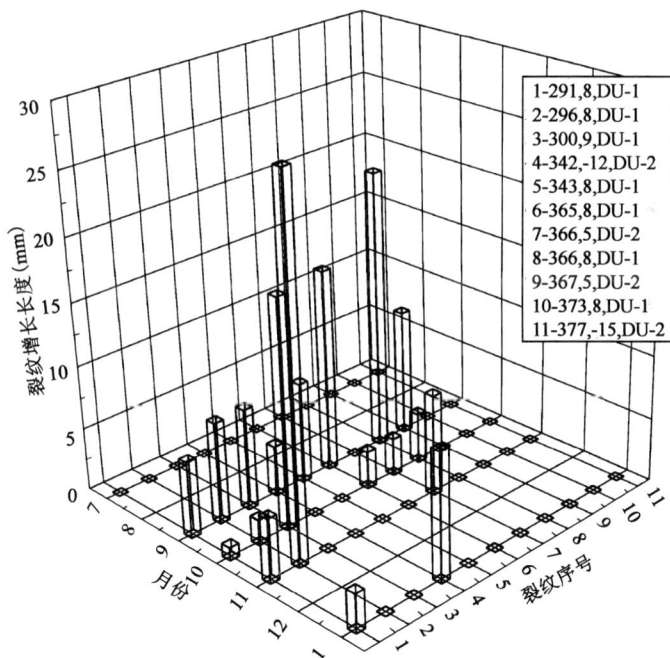

图4.33 不维修裂纹的裂纹扩展长度

由图4.33可知,7月份由于跟踪相隔时间较短,11条裂纹均未发现明显扩展。与7月份跟踪结果相比,9月份共有8条裂纹发生明显扩展,其中裂纹"366,8,DU-1"扩展最长,为22mm;与9月份跟踪结果相比,10月份共有6条裂纹发生明显扩展,其中裂纹"300,9,DU-1"扩展最长,为12mm;与10月份跟踪结果相比,11月份共有3条裂纹发生扩展,其中裂纹"296,8,DU-1"扩展最长,为29mm;与11月份跟踪结果相比,2018年1月份共有2条裂纹发生扩展,其中裂纹"342，−12，DU-2"扩展最长，为10mm。11条跟踪裂纹中，共有9条裂纹发生不同程度的扩展，其中只有1条裂纹呈延续性扩展，且每次增长速率均小于5%，其余8条裂纹呈非延续性扩展。根据前5次的裂纹跟踪结果，初步判断钢箱梁中裂纹的扩展形式主要以非延续性扩展为主。部分不维修裂纹扩展跟踪情况如表4.16所示。

不维修裂纹扩展情况(部分) 表4.16

跟踪时间	342，−12，DU-2	366，8，DU-1
2017年7月		
2017年9月		
2017年10月		
2018年1月		

　　根据不维修的11条裂纹长期跟踪结果可以发现，一些裂纹在长度较小时扩展较快，然而裂纹在扩展到一定长度后会出现扩展速度降低甚至停滞的现象。由于钢桥结构本身的复杂性、荷载位置的多变性以及裂纹前端应力状态的复杂性，导致疲劳裂纹的扩展行为难以预测。因此，在11月新增了18条不维修裂纹，并于2018年1月进行了第1次跟踪。由于跟踪时间较短，仅发现4条裂纹扩展，其中最大扩展长度为16mm。后期将对该29条裂纹进行连续跟踪，从而对裂纹扩展规律进行深入分析。

4.7　2017年钢箱梁养护工作总结

2017年,在钢箱梁常规养护工作基础上,开展了养护及技术标准及技术改进方面的探索和实践,通过一年的现场示范应用,取得了一定的效果,具体如下:

(1)根据钢箱梁空间位置、构造、焊缝及局部位置,建立了一套"三级定位机制"的钢箱梁标准编码方法,并已应用于实桥。

(2)制定了钢箱梁疲劳裂纹病害检查、维修及跟踪标准化流程,建立了统一的裂纹检查记录表、裂纹维修记录表及裂纹跟踪记录表。

(3)提出了钻孔止裂、裂纹补焊的关键技术细节,并针对其技术参数进行改进和优化;制定了不同细节的钻孔止裂维修方案与标准化钻孔止裂维修流程,初步跟踪结果表明优化后的裂纹维修方案效果较理想。

(4)开展了气动冲击维修技术的理论与试验研究,明确了气动冲击对构件受力性能及疲劳强度的影响。提出了现场气动冲击试验的设备及人员要求,制定了维修整体流程,并在钢箱梁裂纹维修工作中得到应用,近1年的跟踪结果表明气动冲击对延缓裂纹扩展的效果良好。

(5)对初始裂纹原有状态下的扩展规律进行了跟踪观测,跟踪结果表明,实际裂纹在车辆荷载作用下并非处于持续的快速扩展过程中,而是存在一定的扩展停滞效应。具体的原因仍需要通过长期跟踪观测进行深入分析。

2017年是开启钢箱梁精细化养护工作的第一年,针对其养护中的具体细节和标准流程已经有了初步的实施方案和总体框架,重点针对钢箱梁标准编码、焊缝维修技术、气动冲击维修新技术以及相关技术流程等进行了全面的规定。通过一年的有序实施和科学评估,精细化养护工作取得了初步的成效,同时也为今后进一步推动精细化养护提供了明确的发展方向和思路。

⑤ 养护重点工作展望

5.1 养护管理的信息化与精细化

随着我国多座大跨径钢桥运营年限逐渐增长,对钢桥病害和养护的认识也逐步提升,对钢箱梁养护技术、质量和效率提出了新的要求。2015 年国务院下发了《积极推进"互联网 + "行动的指导意见》《促进大数据发展行动纲要》等重要文件精神,2016 年交通运输部组织编制了《交通运输信息化"十三五"发展规划》,旨在加快推进智慧交通建设,不断提高交通运输信息化发展水平。同年,交通运输部发布了《"十三五"公路养护管理发展纲要》,推动公路转型发展和提质增效,明确要求重点加强养护管理信息化建设,实现养护转型和管理升级工作。

钢箱梁养护工作的精细化是当前养护工作进一步提升水平的需求,也是新形势下钢箱梁养护的发展方向。精细化养护可有效推动养护工作由粗放型向节约型、由被动向主动转变,实现养护工作的新跨越,提升养护技术精度,也必然提升养护管理效果。钢箱梁养护涉及众多因素,通过养护的信息化和精细化,提升养护管理和服务水平,降低运营成本,实现钢箱梁养护成本控制和技术效果提升的协调发展。

江阴大桥的钢箱梁养护在信息化和精细化方面,已经具备了较好的工作推进基础。目前已经开发了钢箱梁养护管理信息平台,有相对完善的大桥养护手册,养护记录和修复技术等精细化工作正逐步推进。在现有的基础上,大桥未来几年将重点从如下方面进一步推动钢箱梁养护的信息化和精细化:

(1)推动钢箱梁养护管理体系及管养全过程的信息化。进一步完善现有钢箱梁养护管理体系,根据现有的养护经验和研究成果,提高现有养护管理方案的科学水平,明确养护环节数据信息制度,实现各养护环节的信息互通和统一管理。在现有信息管理平台上,实现养护工作数据多维统计、判定及预测。

(2)建立钢箱梁养护目标精细化的中长期规划。基于大桥近 20 年的养护经验,建立科学明确的钢箱梁养护目标中长期规划,通过制定精细化的养护目标和任务,实现钢箱梁养护工作精细化的倒逼机制,最终实现养护管理的精细化目标。

(3)钢箱梁日常管理的信息化。积极吸收最新的信息化和精细化管理技术,如 BIM 技术、物联网技术等实现养护环节的信息化管理,以及大数据挖掘技术实现信息化评估和预测等。对现场记录和维修情况的相关资料进行规范化的管理,实现每例病害从发现到维修及后期的跟踪信息的档案化。

5.2 养护"四新"技术的应用与研发

根据《国家创新驱动发展战略纲要》要求,科技部和交通运输部联合制定了《"十三五"交通领域科技创新专项规划》,对道路交通基础设施长寿命功能提升提出了创新的要求。并且在"十三五"期间,整个交通行业都向着智慧交通、绿色交通转型,而发展养护新技术实现绿色养护和长寿命养护将受到越来越高的关注,钢箱梁养护技术也迫切需要转型升级。在现有养护技术的基础上,积极探索养护新技术、新材料、新设备、新工艺,可快速提高钢箱梁养护效果,实现养护管理水平的跨越式提高。

由于我国钢桥起步迟、养护经验积累时间短,在实桥钢箱梁养护中养护技术手段、养护精度仍有待进一步丰富和提高。部分技术往往依赖技术人员的经验,其基础理论有待完善,仍难以适应钢箱梁科学、精细化的养护需求。尤其是随着钢箱梁相关研究的深入,对实际工程出现的问题认识也更清晰和科学。近年来,随着行业需求导向和研究手段的进步,越来越多的新技术和新方法的出现,部分已经在实桥初步证实效果较好,部分仍处于理论和试验证实研究中。通过应用最新的研究成果,可快速提升钢箱梁养护水平,促进市场研发和工程需求的良性循环,快速缩短我国与国外养护水平的差距,乃至实现超越。

江阴大桥一直积极应用"四新"技术进行钢箱梁养护,尤其针对疲劳裂纹的检测、评估和修复等,均进行了新技术尝试和研发,部分技术已初步得到应用。在未来几年,江阴大桥的钢箱梁养护,将进一步提升"四新"技术应用水平,积极与科研单位联合研发自主知识产权的"四新"技术。拟重点围绕以下几个方面开展:

(1)建立科学合理的"四新"技术应用和研发机制。在钢箱梁养护管理中,建立科学合理的机制,积极鼓励应用"四新"技术。在充分评估可行性的基础上,进行相关投入,从机制上确保"四新"技术研发,并建立合理的评估流程,确保"四新"技术的应用成效。

(2)针对现有传统技术进行升级和改造。当前钢箱梁养护的检查检测及评估修复技术,仍主要以传统的技术为主。通过研究和验证,针对现有技术的不足及经验性部分,进行深入的研究,实现现有技术的升级和改造。如通过研究进一步明确止裂孔的合理孔径孔位和工艺,规范现场操作,通过增加部分工艺流程来实现焊合的维修效果。

(3)研发便携轻质的钢箱梁养护工装。现有养护方法手段受限,除技术手段本身缺乏外,精确养护装置无法便携进入钢箱梁和实施过程中无法确保精确定位也是主要原因。根据现场养护需求,积极研发便携的养护工装,即可实现技术升级,又能形成具有自主知识产权的工艺和设备。

(4)重点推动几个新技术的应用。新技术研发初期均存在适用的不确定性,钢箱梁在实际养护中新技术应用时应有所侧重。在充分评估的基础上,重点选用几个新技术进行重点应用,如气动冲击等技术,以便集中精力和资源,更好地推动技术的进一步发展。

5.3 养护技术的工程标准化

江阴大桥制定了大桥的养护管理手册,并经过四次修订,在大桥养护管理中起到了积极的指导作用,确保了大桥养护工作有序、规范的进行。尽管如此,手册的相关内容仅针对江阴大桥。基于江阴大桥在养护的优势,实现钢箱梁养护技术的工程标准化,编制钢箱梁相关养护技术规程,可促进我国钢箱梁养护技术的整体提升。

国外发达国家已将钢桥的检修维护问题列为重点研究对象,国际经济合作和发展组织的

《桥梁检测手册》、美国 FHWA 的《桥梁维修检测手册》、欧洲钢结构协会的《钢结构疲劳设计规范》、日本技术检查协会的《公路钢桥检测手册》等对钢桥的疲劳和养护问题做了一些规定和说明。我国交通运输部编制修订的《公路桥梁承载能力检测评定规程》（JTG/T J21—2011），对于大跨径钢箱梁的适应性有待讨论。目前我国在桥梁养护方面可以依据的规范，如《公路桥涵养护规范》（JTG H11—2004）、《公路桥梁技术状况评定标准》（JTG/T H21—2011）主要针对中小桥梁的养护工作。《大跨径悬索桥和斜拉桥养护规范》（DB 32/T 1648—2010），在养护技术细节操作层面仍需强化。

目前，我国钢箱梁养护的标准化工作，仍有许多方面有待进一步加强。江阴大桥推动钢箱梁养护技术标准化，可为其他大桥钢箱梁养护提供参考，促进我国钢箱梁养护技术转型升级，对实现大跨径桥梁钢箱梁日常管养的标准化具有重要的现实意义。钢箱梁养护技术的工程标准化重点从以下几个方面展开：

（1）建立多层次的钢箱梁养护标准体系。钢箱梁养护影响因素复杂，实际操作受现场环境影响较大。标准化应根据不同的技术成熟度，进行不同层次的标准化制定。如实现江阴桥企业标准—控股公司标准—江苏省地方标准—全国性标准等层次的指南或规程的编制。

（2）钢箱梁养护和日常管理的标准化。包括养护管理的流程、资质要求，日常检查的频率、精度要求，日常养护工程中所用到的工具及使用规范，检查记录的标准化等。

（3）钢箱梁疲劳检测及修复技术的标准化。疲劳开裂是钢箱梁难以避免的主要问题之一，尽管疲劳影响因素众多，但由于为局部受力，在检测和修复时存在共同性。通过实施经验总结和理论研究，规范检测和修复的技术流程，实现疲劳裂纹维护的标准化，确保疲劳维护的有效性。

5.4 钢箱梁长期跟踪观测与评估

自 2011 年出现第一条疲劳裂纹以来，针对疲劳开裂已经开展了 8 年的持续跟踪、统计和分析。由于大桥实际运营所处环境以及结构自身的复杂性，对作为大桥主体结构的钢箱梁病害成因及发展规律仍有许多不确定因素。除通过试验或分析等手段对其进行力学特征分析、病害发展以及状态评估外，对钢箱梁运营状况进行长期跟踪监测是必不可少的技术手段之一。

根据目前统计，长期跟踪应持续至少 3~4 年，同时积累宝贵的一手资料，实现长期规律的总结，有利于形成科学客观的结论，为决策提供充分的依据。尤其是针对钢箱梁的疲劳裂纹进行跟踪，可了解疲劳裂纹在复杂环境下的扩展规律以及评估疲劳裂纹维修技术的现场适用性，具有重要意义和科学价值。通过长期跟踪数据分析，及时改进优化现有技术，指导新一轮的钢箱梁疲劳裂纹维修工作，形成"跟踪—评估—改进—再应用"的良性循环。

根据江阴大桥的特点，目前重点围绕以下几个方面进行跟踪观测：

（1）裂纹的扩展规律跟踪。通过跟踪裂纹的长期扩展规律，获得裂纹扩展在各个阶段的速率、扩展路径以及扩展后对局部受力的影响,为裂纹的预测和维修决策提供依据。

(2)裂纹维修效果的跟踪。基于现有的裂纹维修,在此基础上进行长期跟踪,观察裂纹是否二次开裂,评判维修效果,为维修工艺的改进提供参考。

(3)新技术应用效果的跟踪。由于新技术初期的不确定性,在实桥应用后,需进行长期跟踪,评判新技术的效果,验证其适用性,为新技术的进一步完善和应用提供支撑。

参 考 文 献

[1] 中共中央,国务院.国家创新驱动发展战略纲要[EB/OL].http://www.most.gov.cn/yw/201605/t20160520_125675.htm.

[2] 科技部,交通运输部.国家"十三五"交通领域科技创新专项规划[EB/OL].http://www.most.gov.cn/mostinfo/xinxifenlei/fgzc/gfxwj/gfxwj2017/201706/t20170601_133311.htm.

[3] 江苏扬子大桥股份有限公司.江阴长江公路大桥维护手册[M].2000.

[4] 江苏扬子大桥股份有限公司.江阴长江公路大桥维护手册[M].2版.2004.

[5] 江苏扬子大桥股份有限公司.江阴长江公路大桥维护手册[M].3版.2009.

[6] 江苏扬子大桥股份有限公司.江阴长江公路大桥维护手册[M].4版.2015.

[7] 中华人民共和国行业标准.JTG H11—2004 公路桥涵养护规范[S].北京:人民交通出版社,2004.

[8] 江苏省地方标准.DB 32/T 1648—2010 大跨径悬索桥和斜拉桥养护规范[S].北京:人民交通出版社,2010.

[9] 中华人民共和国国家标准.GB/T 15822.3—2005 无损检测 磁粉检测 第3部分:设备[S].北京:中国标准出版社,2006.

[10] 中华人民共和国行业标准.JG/T 203—2007 钢结构超声波探伤及质量分级法[S].北京:中国标准出版社,2007.

[11] 中华人民共和国行业标准.JB/T 6061—2007 无损检测 焊缝磁粉检测[S].北京:机械工业出版社,2008.

[12] 中国工程建设标准化协会标准.CECS 77—1996 钢结构加固技术规范[S].北京:中国计划出版社,1996.

[13] AASHTO/AWS D1.5M/D1.5:2002[S].Washington,D.C.:American Association of State Highway and Transportation Officials.

[14] 吉伯海,傅中秋.钢桥[M].北京:人民交通出版社股份有限公司,2016.

[15] 吉伯海,傅中秋.钢桥疲劳与维护[M].北京:人民交通出版社股份有限公司,2016.

[16] 吉伯海.我国缆索支承桥梁钢箱梁疲劳损伤研究现状[J].河海大学学报(自然科学版),2014,42(5):410-415.

[17] 饶建辉,陈雄飞,汪锋,等.江阴长江大桥疲劳应力特征的研究[J].交通科学与工程,2015,(4):43-48,54.

[18] 孙洪滨.江阴大桥结构健康监测系统二次升级改造[J].中国交通信息化,2013,(1):175-178.

[19] Fisher,John W. Bridge fatigue guide:design and details[M]. American Institute of Steel Construction,1977.

[20] Yamada K,Ishikawa T,Kakiichi T. Rehabilitation and improvement of fatigue life of welded joints by ICR Treatment[J]. Advanced Steel Construction, 2015,11(3):294-304.

[21] 凤懋润.中国的跨江海桥梁建设工程:成就、创新及管理实践[J].工程研究——跨学科视野中的工程,2013,5(1):35-52.

[22] 周海涛.加强标准化工作　助力"四个交通"发展[N].中国交通报,2014-03-03(001).

[23] 袁万城.谈长大桥梁监测与减震智能一体化谈[R].国际桥梁与隧道技术大会,2016.

[24] 周绪红.大力发展钢结构,推动绿色建筑可持续发展[EB/OL].http://news.sina.com.cn/c/2016-03-17/doc-ifxqnsty4415783.shtml.

[25] 聂建国.钢—混凝土组合桥梁[R].创新驱动交通发展院士论坛,2016.

[26] 秦顺全.不忘初心　致力实现"中国桥梁强国梦"[N].中国建设报,2017-12-06(001).

[27] 周世忠,吉林.江阴长江公路大桥建设简介[C].中国公路学会98年桥梁学术讨论会论文集.北京:1998:1-7.

[28] 周荣峰.钢桥建设已成行业共识——解读《关于推进公路钢结构桥梁建设的指导意见》[J].中国公路,2016,(15):59-63.

[29] 雷俊卿,钱冬生.长大跨桥实时监测预警系统研究[J].公路,2002(2):1-4.

[30] 陈惟珍,D Kosteas.钢桥疲劳设计方法研究[J].桥梁建设,2000(2):1-3.

[31] 吴冲.现代钢桥[M].北京:人民交通出版社,2006.

[32] 陈艾荣,王玉倩,吴海军,等.桥梁结构构件设计使用寿命的确定[J].同济大学学报(自然科学版),2010,38(3):317-322.

[33] 韩冰,蒲黔辉,施洲,等.桥梁正交异性板焊接构造热点应力计算方法研究[J].桥梁建设,2015(1):56-61.

[34] 郑凯锋,梁肇伟,唐继舜.中国大跨悬索桥全焊钢箱梁的技术进展[J].钢结构,1998(2):46-49.